미완성 연인들

미완성 연인들

2016년 6월 25일 초판 1쇄 발행

지은이 강혁 · 박진성
펴낸이 윤영진
기 획 함순례
홍 보 한천규
펴낸곳 도서출판 심지
등록 제253호
주소 34623 대전광역시 동구 대전로867번길 46 4층
전화 042 635 9942
팩스 042 635 9941
전자우편 simji42@hanmail.net

ISBN 978-89-6627-131-3 03810

* 저자와의 협의에 의해 인지를 생략합니다
* 이 책 내용의 전부 또는 일부를 재사용하려면 저자와 도서출판 심지 양측의 동의를 받아야 합니다

미완성 연인들

강혁 그림 박진성 글

심지

강혁에게

혁아. 카페 바로 앞자리에서 너는 그림을 그리고 있어. 너는 그림 그리고 나는 글 써서 책 한 권 내자고 했던 소망이 현실이 되어가고 있어. 오늘은 출판사에 다녀왔고 오늘은 많이 걸었고 오늘은 낯선 카페에 와 있구나. 너는 그림쟁이가 되고 나는 글쟁이가 되고. 이런 미래를 32년 전, 유치원 다니던 그때, 상상이나 할 수 있었을까. 너무 먼 미래는 시간이 아니라 차라리 공간이어서 그때 우리는, 우리가 미래에 있을 공간 같은 것을 상상했던 것 같아. 너는 아파트가 좋겠다고 했고 나는 주택이 좋겠다고 했던 것 같은데 정말 그렇게 살고 있구나. 너무 먼 과거는 시간이 아니라 차라리 물질이어서 어떤 시간들은 만져지는 것 같단다. 대평리 싸전에서 비석치기를 하던 꼬마들, 해거름 늦게까지 남아 있는 쪽은 주로 나였지. 나는 초등학교 3학년부터 프로야구를 보던 이상하게 조숙한 아이였고 너는 그림 그리는 걸 좋아하는 엉뚱한 아이였지.

내가 이런 추억담이나 하자고 이 편지를 시작한 건 아니야. 너의 더미(dummy) 연작들은 유머가 있어서 좋은 것 같아. 사람도 그렇고, 풍경도 그렇고, 우리가 예술이라고 하는 것들이 그렇더라. 유머를 품지 않으면 울음도 슬픔도 품을 수 없다는 거; 너의 더미 그림들엔 슬픔을 품은 웃음이 묻어 있어서 참 좋은 것 같아. 어쩌다 더미를 시작했는지 네가 말해준 적이 있는데 잘 기억나질 않는다. 목각인형 더미. 무표정이면서 모든 표정인, 아무런 행동도 하지 않으면서 모든 행동을 하고 있는 더미를 언젠가 너는 선물로 준 적이 있지. 그 더미를 나의 책상 가장 가까운 곳에 두고 아무것도 하기 싫을 때 만져보곤 해. 거의 모든 자세가 가능한 더미는 마치 너의 성품 같아. 웃을 때 같이 웃어주고 울 때 같이 울어주고 아무것도 할 수 없을 때 아무것도 하지 않고 같이 있어주는, 너는 그런 친구잖아. '우리'라는 더미를 우리는 32년 넘게 만지고 있구나.

네가 내 결혼식 때 사회를 봐서 내가 이혼했다는 타박은 이제 그만해야겠다. 너는 타인의 불행 앞에서 누구보다도 열정적이었잖아. 너의 그 넓은 오지랖이 나는 참 좋다. 너는, 어떤 자세도 가능한 더미 같아. 작품이 사람을 닮고 삶을 닮는다는 말에 나는 대체로 동의하지 않지만 너의 경우엔 맞는 것 같아. 친구들 결혼식 사회를 죄다 도맡아 하던 혁아. 6월에 나올 우리들의 책은 이제 막 절반 이상의 공정을 지나고 있다. 너의 더미들이 조금 더 지독해졌으면 좋겠어. 지독해져서 심연으로, 인간과 세계의 심연으로 내려갈 수 있었으면 좋겠어. 심연이라는 건 무엇일까. 내가 글 쓰고 네가 그림 그릴 때 서로의 글과 그림을 돕기보다 껴안고 보듬어줄 수 있는 것. 그런 게 내가 생각하는 소박한 심연이야. 네 상상력이 조금 더 자극받을 수 있게, 새벽의 카페에서, 한 문장이라도 더 절실하게 써서 네게 보내는 것, 그런 작은 마음이 내가 생각하는 작은 심연이야. 네가 잘하는 것, 기어이 돌아서 돌아서 집에 바래다주고 너희 집으로 네가 돌아갈 때 액셀러레이터에 밟히는 작은 공기 같은 것들, 그런 따뜻한 공기가 내가 생각하는 따뜻한 심연이야. 글도 그림도 결국엔 윤리의 문제와 맞닿아 있어서 우리의 글과 우리의 그림은 우리에게 '너 어떻게 할 거니'라는 질문을 계속 물어오잖아. 그 질문에 섣불리 대답하지 않고 머뭇거리는 것, 유보하는 것, 더 신중히 생각해보는 것, 그것이 내가 생각하는 작은 심연이야. 언젠가 내가 응급실에 실려 갔을 때 '좀 괜찮니' 말고, '몸을 그렇게 함부로 다루면 어떻게 하니' 같은 타박 말고, '괜찮아질 거야' 하는 성마른 위로 말고, 너는 내 손을 오래 잡아줬잖아. 그렇게 아무 말 없이 있어주는 거, 그게 내가 아는 차가운 심연이야.

아무것도 모르겠는 삶을 아무것도 모르는 채로 견뎌내는 것, 섣불리 알려고 하지 않고 계속 질문하는 것, 끝까지 그려보고 끝까지 써보는 것, 우리 그렇게 이 세계를 견뎠으면 좋겠다. 대낮에, 남자 둘이 카페에 앉아 있는 걸 보며, 참 한량들이구나, 누군가 속으로 말한다 해도 우리는 누구보다 지금 열심이잖아. 한량들이 맞다고 해도 어쩔 수 없이 그리고 어쩔 수 없이 쓰는, 그런 한량들이잖아. 내가 좋아하는 프랑스 작가 파스칼 키냐르는 언젠가, "왜 쓰냐"는 질문에 이렇게 대답한 적이 있어. 살기 위해 쓴다고. 자신의 글을 읽을 단 한 사람의 눈동자를 생각하며 쓴다고. 그 말을 꼭 너에게도 전하고 싶어. 살기 위해 그리는 거, 맞지? 나는 살아내기 위해 쓰고 너도 살아내기 위해 그릴 때, 우리의 책은 비로소 부끄럽지 않을 수 있을 거야.

작품을 일일이 팔 수 없으니 책으로 만들자, 대신 그림을 뜯을 수 있게, 뜯어서 액자에 넣을 수 있게 만들자, 제안한 건 너였어. 너의 성품에서 가능한 상상력이라고 생각해. 그 책이 팔리지 않더라도 절망할 필요는 없을 거야. 너무나 진부해서 너덜너덜한 말이지만 최선을 다하고 있으니까 단 한 명의 동공에 우리의 그림과 우리의 글이 맺힌다면 우리의 공동 작업은 소중할 수 있을 것 같아. 어제도 카페, 오늘도 카페, 너의 갤러리가 있지만 우리는 떠돌고 있어. 어쩌면 오늘도 밤을 새야 할지도 모르겠다. 이 시간들의 무늬가 고스란히 우리의 책에 묻어나겠지. 언젠가 우리는 이 시간들을 그리워하겠지. 네가 친구라서 좋고 너와 같이 작업할 수 있어 참 좋다. 혁아. 거창한 예술론 대신, 사기 치는 언어들 대신, 이 편지를 우리의 책 서문에 넣으면 어떨까. 네가 읽고 결정해줬으면 좋겠다. 편지가 쓸데없이 길어졌다. 이렇게 무언가 쓰고 나면 온몸에서 기력이 빠져나가는 것 같아. 배고프다. 밥 먹으러 가자, 혁아. 오늘 저녁은 네가 사렴. 미리 고마워, 혁아.

일러두기
* 본문 텍스트 일부는 박진성 시집 『목숨』『아라리』『식물의 밤』과
  산문집 『청춘착란』『걷는 사람』(근간)에서 인용하였습니다.
* 이 책은 원본과 동일한 크기의 50개의 그림을 뜯어서 액자에 둘 수 있게 만들었습니다.

미완성 연인들

안녕 거제도

내가 거제도에 와서 잘한 일은
아무것도 안 한 일

맨손으로 모래를 쥐었다가
손가락 사이로 흘려보낸 일
당신에게,
다음에 같이 오자,
말하지 않은 일

바다의 반대말은 이곳에서도 공중이라는 것을
노트에 적지 않은 일
마음에서 붐비는 새들에게 마음을 비워준 일
같이 수평선 좌우로 사라져본 일

검은 운동화를 신고 검은 해변을 걸은 일
소리 속에 무덤을 짓는 생각들을 소리 속으로

내가 거제도에 와서 잘한 일은
다친 새를 품에 안은 일
마음의 원근법이 없어질 때까지 새가 사라질 때까지
백사장을 계속 걸은 일

혼자 있고 싶다는 당신의 말과 절대로 혼자 두지 말라는, 마찬가지로 당신의 말을 가슴으로 받을 수 있을 때 사랑은 겨우 가능해진다. 존중과 배려는 모순을 끌어안는다. 나는 당신의 모순을 사랑한다.

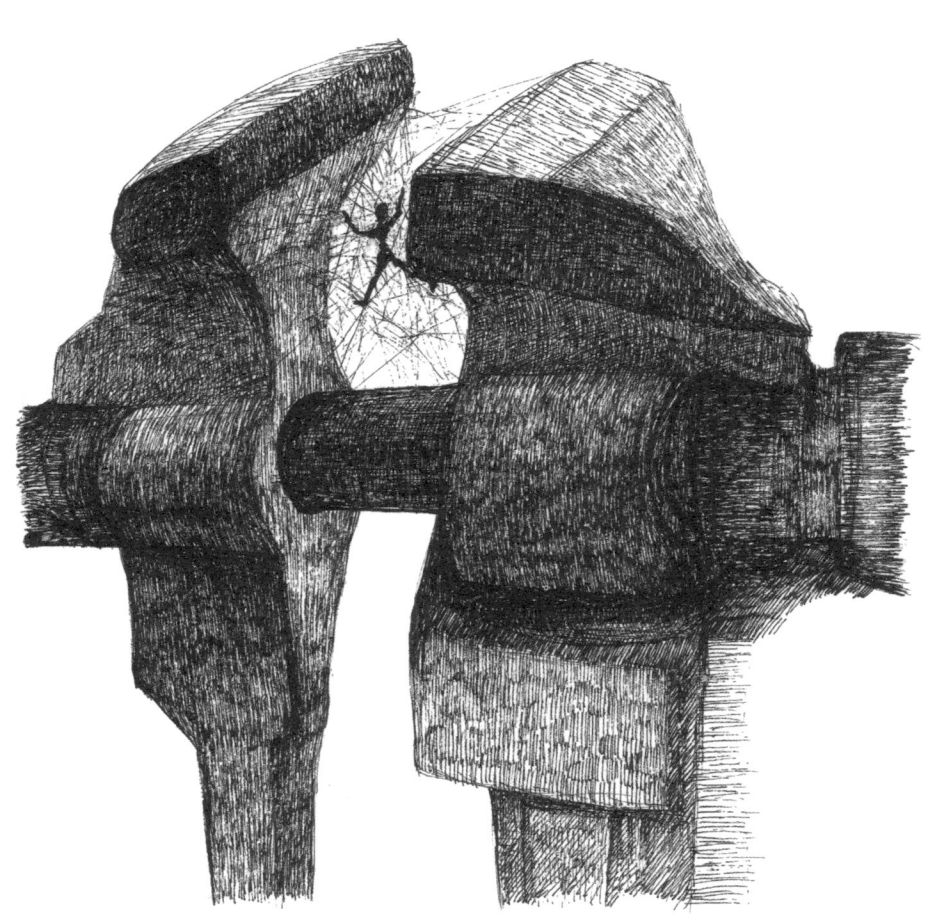

당신이 떠나간 자리는 돌이킬 수 없다. 당신의 부재로 나는 피로하다. 당신이 떠나갈 때 당신의 부재를 실감할 수 있었던 것은 나의 육체와 나의 기억이었지만 이제 나는 피로함으로 당신을 기억한다. 나는 조금씩 죽어가는 것이다. 당신을 기억할 수 있는 것은 어떤 반복뿐. 파도가 밀려온다. 피로가 밀려온다. "피로와 파도와 피로와 파도와", "당신과 당신과 당신과 당신과". 우리는 언젠가 이 바닷가에 온 적이 있다. 한적하게 걷던 적이 있다. 우리들은 그때, "목적 없는 물고기들"이었지. 목적 없이 서로를 만지던 물결이었지. 목적 없이 사랑할 수 있었던 날들의 따뜻함이여.

사랑의 얼룩은 지우는 것이 아니다. 그저 닳는 것이다. 닳을 때까지, 그 흔적이 옅어질 때까지 기다리는 것이다. 당신의 얼룩이 주는 피로를 나는 견딘다. 이 바다와 함께 견딘다. 바다가 보이는 작은 카페에서 나는 쓴다. 백지를 낭비한다. 이 풍경을 낭비하고 이 계절을 낭비한다. 이 허기를 낭비하고 이 고독감을 낭비한다. 낭비할수록 더 많이 남는 마음이 있다고 쓴다. 파도는 그치지도 않고 밀려온다. 나는 이제 지치고 싶다. 피로와 파도와 당신과 당신과.

백사장을 뛰어가는 한 마리 검은 개.

- 따옴표 부분은 이제니의 시 「피로와 파도와」에서 인용.

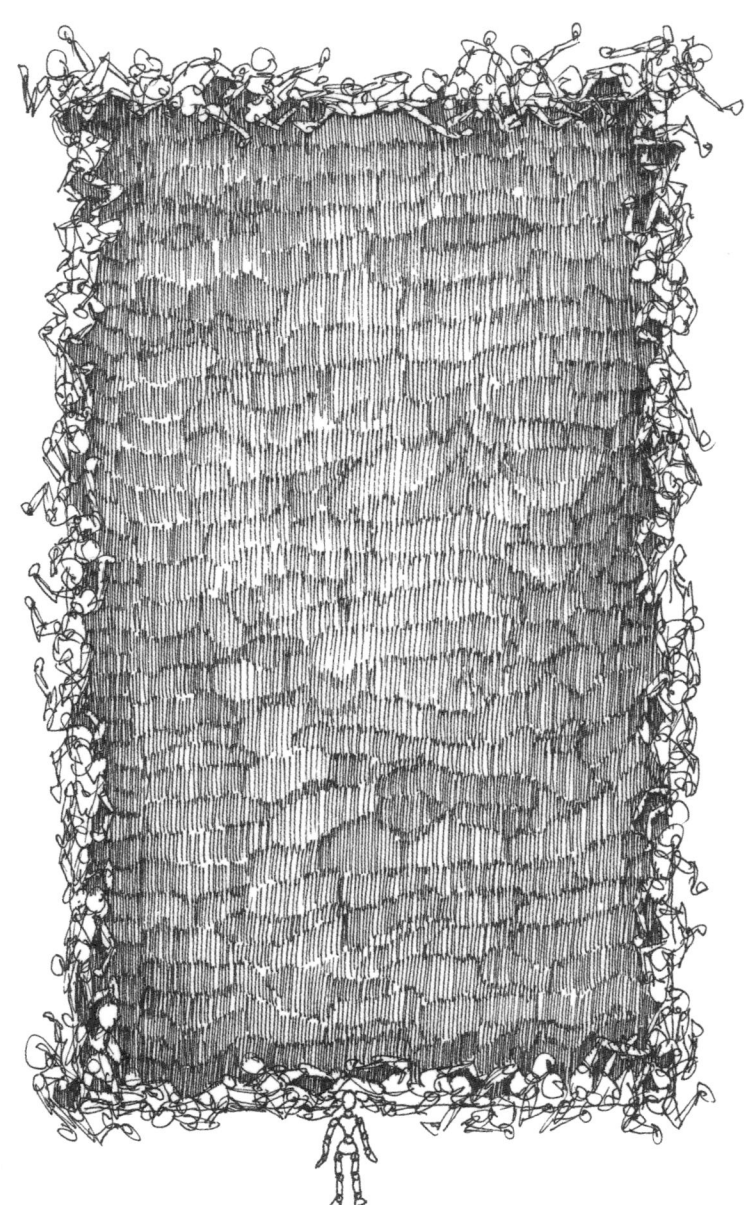

사랑은 느리게 하는 것. 같이 굴을 만드는 것. 둘만의 굴을 느리게 만들어서 느리게 들어가는 것. 함께 들어가보는 것.
점심을 같이 먹고 우리는 천천히 걸었다. 사랑은 조금 더 멀리 가보는 것. 이곳이 괴롭다고 느껴질 때, 이곳을 견딜 수 없다고 말하고 싶을 때, 가만히 서로의 이마를 만져주는 것. 느리게 천천히 만져주는 것.
사랑은 시간을 흐르게 한다. 우리는 느리게 시간의 선 위를 걸어본다. 보일 것이다, 그대, 어깨의 느린 햇살들. 밤의 공원을 우리는 천천히 걸었다. 서로의 옷이 같이 녹는 것. 같이 사라지는 것. 굴속으로, 둘만의 굴속으로 같이 사라져보는 것. 사랑은 느리게 하는 것.

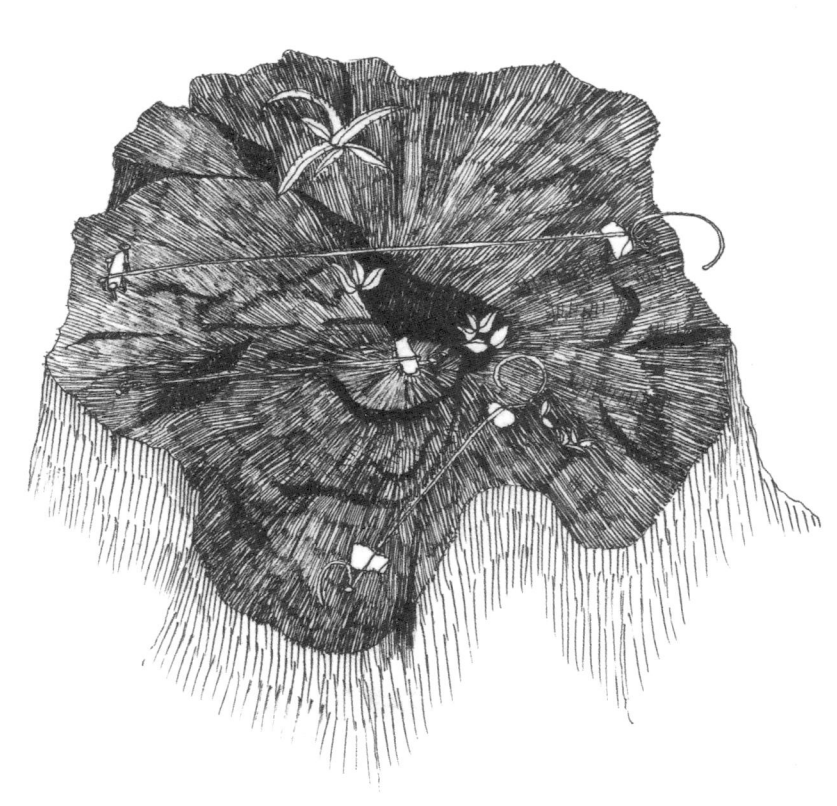

사랑이 시작될 때 우리는 아프다. 몸에 열꽃이 핀다. 손바닥이 뜨거워진다. 꾀병 같다. 도무지 환부를 알 수 없을 때, 통증이 시작되는 지점을 알 수 없을 때, 어쩌면 그대 몸 전체가 나의 환부인지 모른다. 우리가 같이 누워 있던 그 반지하의 좁은 방, 낮은 창으로 햇볕은 좁게 쏟아지고 우리는 서로의 몸을 만졌다. 서로의 열을 만졌다. 섹스를 한다는 것은 어쩌면 "이번 생의 장례를 미리 지내는 일"인지 모른다. 이번 생의 장례를 서로 치러주는 일인지 모른다. 그렇지 않고서야 우리는 왜, 서로의 몸을 안고 비명 소리를 내는가. 그렇지 않고서야 우리는 왜, 서로의 몸을 안고 다른 사람이 되는가. 다른 곳으로 가는가. 꾀병을 앓을 때처럼, 내가 알 수 없는 열이 내 몸에 번지는가.

— 따옴표 부분은 박준의 시 「꾀병」에서 인용.

사랑의 뒤척임; 사랑은 피로를 동반한다. 사랑하는 사람들은 피로, 연민, 갈등, 괴로움 때문에 잠들지 못한다. 어쩌면 사랑의 본질적인 속성은 달콤함보다는 고난에 가깝다고 말해야 할 것이다. 이해할 수 없는 마음들, 해독할 수 없는 언어, 부주의한 실수 등으로 사랑하는 사람들은 괴로워한다. 어쩌면 우리는 같이 웃을 수 있어서가 아니라 같이 괴로워할 수 있어서 사랑하는지 모른다.

잠들지 못하고 있는 당신에게, 뒤척이지 말아줘, 내가 말할 때, 너도 못 자고 있으면서, 당신이 말할 때, 우리는 천장을 같이 바라보고 있었다. 밤은 길었다. 우리는 나란히 누워 불면 위를 같이 걸었다. 네가 해본 일 중에 가장 나쁜 게 뭐였어, 너는 물었고, 글쎄, 나는 말했다. 나의 악행을 당신에게 말해줄 수 없었다. 악행은 비밀일 때 비로소 악행일 수 있어서 나는 발설할 수 없었다. 내 몸 중에 어디가 제일 좋아, 라고 너는 물었고, 나는, 네 다리, 라고 말했다. 우리가 같이 천장 속을 걷던 밤, 나는 너의 발로 걸어볼 수 있었다. 같이 뒤척인다는 것은 같이 '다른' 곳으로 가보는 일.

지금 우리는 다른 곳에 있다. 너는 여전히 잘 뒤척이는지. 잠 못 자면서 뒤척이면서 천장 위를 혼자서 걷고 있는지. 뒤척이지 말아줘. 세상의 모든 밤들이 네게 몰려간다 해도, 몰려가서 너의 방에서 나오지 않는다 해도, 너의 시간들이 모두 밤이라 해도, 뒤척이지 말아줘, 뒤척이지 말아줘, 제발, 뒤척이진 말아줘.

밤을 꼬박 새웠는데도 말짱하다. 정신이 맑다. 조금 쌀쌀한 공원에 앉아서 나뭇잎이 바람에 부대끼는 소리를 오래도록 들었다. 그리고 밝아오는 아침 하늘을 자세히 봐두었다. 살아야 할 이유가 생겼기 때문이다. '그래봤자 죽기밖에 더하겠어' 따위의 말투는 버리기로 한다. 당신은 렌즈의 초점을 내 동공에 맞춰야 한다. 그리고 당신의 4B 연필은 내 심장 근육의 펄떡거림을 느껴야 한다. 나는 나뭇잎 따다 손가락을 잘근잘근 씹어서 내 피로 시를 쓰겠다. 눈동자로 사랑을 말하는 법을 배우겠다. 나뭇잎들의 비장한 낙하. 다시 시를 쓸 수 있을 것 같다. 무엇보다 내 시는 사랑이어야겠다. 나는 너를 사랑한다.

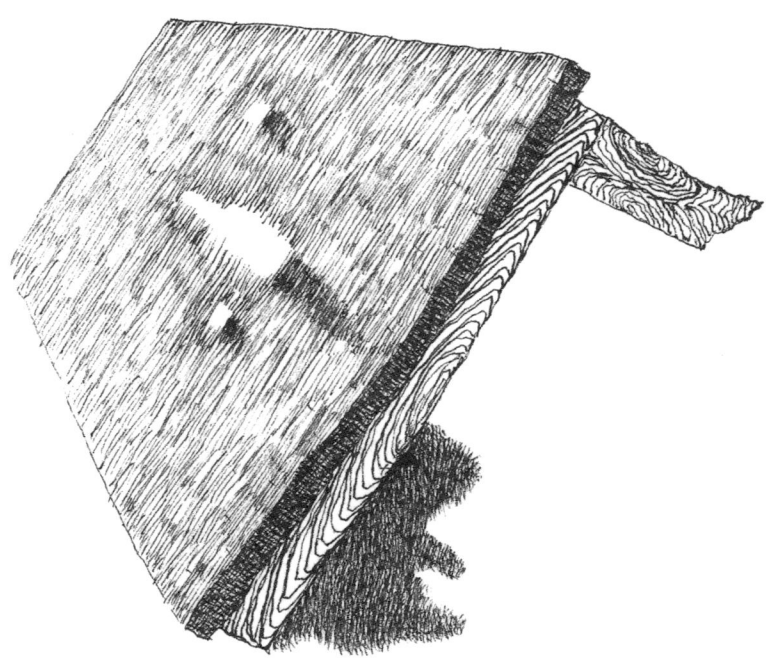

너는 '빼기'를 어려워하던 소녀였어. 마이너스의 세계를 이해하지 못하던 소녀였지. 마이너스에 마이너스를 곱하면 왜 플러스가 되는지를 이해하지 못하던 소녀였어. 제발 공부 좀 하라고 나는 너를 타박했지만 우리의 저녁과 밤에는 마이너스가 필요 없었지. 3에서 3을 빼면 그걸 수학에서는 0이라고 말하지만 그건 그냥 없는 거잖아. 0은 누군가 만든 관념, 너는 실재의 세계만 믿었어. 어쩌면 네가 옳았는지도 몰라. 어느 추운 날, 나뭇가지가 제 가지를 마구 부러뜨리던 날, "나무들이 마이너스를 하고 있네"라고 너는 말했고 나는 한참을 웃었지. 손을 잡고 우리는 그 추운 겨울을 내내 떠돌아다녔어. 마이너스가 없는 세계를 떠돌아다녔어. 걷는 일은 더하는 일, 같이 걷는 일은 더한 것에 또 더하는 일. 우리는 그렇게 소년과 소녀였어. 우리는 아무것도 모르는, 서로만 아는 작은 인간이었어.

어떻게 사니. 아직도 마이너스 곱하기 마이너스는 플러스가 된다는 사실을 이해하지 못하고 사니. 네가 옳은지도 몰라. 우리 삶에서 마이너스에 마이너스를 곱할 일은 그리 많지 않으니까. 어떻게 사니. 그때 우리가 걸었던 그 길을 가끔 지나가니. 네가 마이너스라고 말했던 그 나무, 지금도 봄에는 초록을 달고 지금도 가을에는 낙엽을 달고 지금도 겨울에는 헐벗는다는 것을 알고 있니. 너의 웃음 속에 "세월은 잠자고 있"다. 나는 아직도 그 웃음을 떠올리며 가끔 웃고 있다. 멍하게 웃다가 멍하게 제정신으로 돌아온다. 조카의 수학책을 보다가, 마이너스 곱하기 마이너스를 보다가, 네 생각이 나서 멍하게 있을 때, 삼촌 왜 그래, 조카가 물을 때, 마이너스를 모르던 소녀가 있었단다. 미친놈처럼 혼자 중얼거리며 나는 너를 떠올려. 나의 "웃음 속에 어찌 얼룩이 없겠"니. "웃음은 얼룩 속에 있"다는 것을 너는 누구보다 잘 아는 소녀였잖아. 웃는다, 웃는다, 어느 맑고 추운 겨울 오후다.

— 따옴표 부분은 이성복의 시 「소녀들」에서 인용.

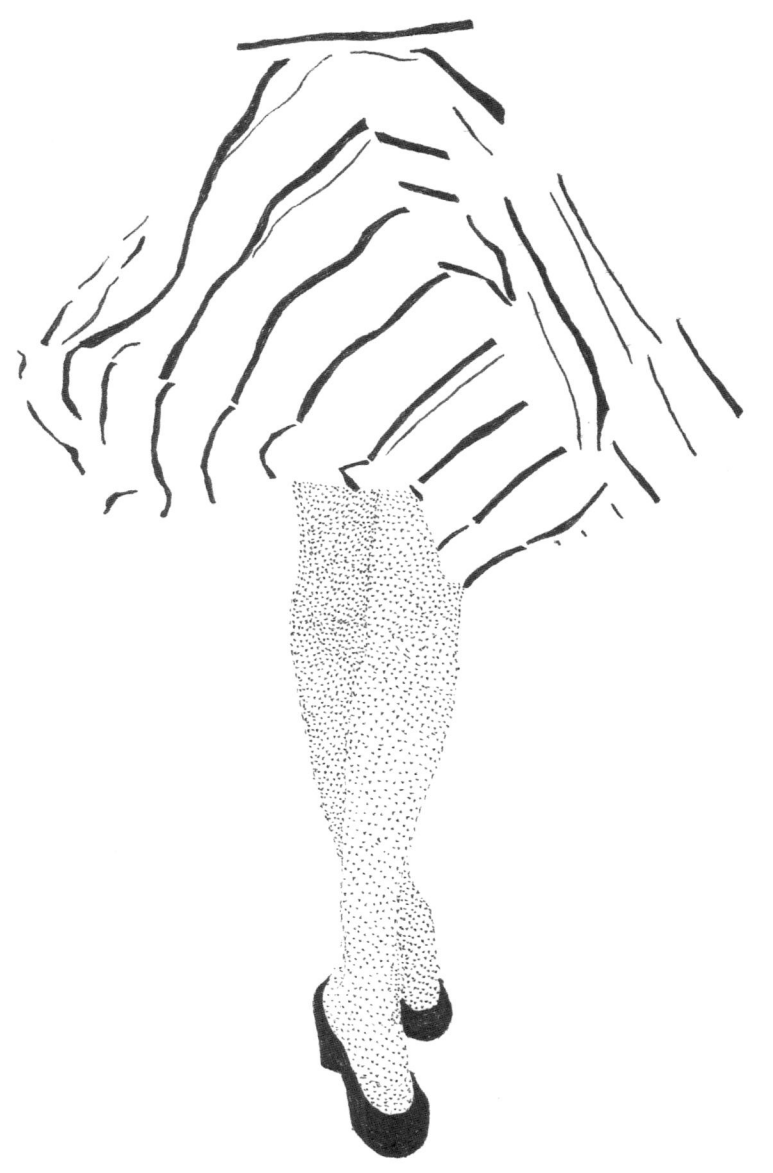

창문 너머 측백나무 한 그루가 없어져버렸다. 그 측백은, 우리 집 건너편 단층 주택 집 마당에 있던, 제법 큰 나무였는데, 그곳에 4층 원룸 건물이 들어서면서 뽑혀진 모양이다. 여명을 더 뾰족하게 여명답게 해주던 나의 측백나무. 저녁에는 저녁보다 한 걸음 먼저 어두워지던 측백나무.

창문을 열어놓는 계절이 오니까 자꾸만 측백이 있던 자리를 쳐다보게 된다. 그 자리는 지금 원룸 건물의 맨숭맨숭한 벽면이 차지하고 있다. 시선이 기댈 곳이 사라져버렸다는 것. 인대가 끊어진 발목처럼 내 시선은 자꾸 절뚝거린다. 그 측백은 죽었을까. 창문 바깥의 풍경이 바뀐다는 건 생각보다 적응하기 쉬운 일이 아니다. 나무는 사라졌고 내 시선은 공중에서 헤맨다.

사라지고 나서야 비로소 저의 존재를 시위하는 것들. 그런 것들에 익숙해질 때도 되었는데 내 눈은 자꾸만 안 보이는 측백에 매달려 있다. 매달려서 소용돌이치고 있다. 너라는 측백나무. 너라는 소용돌이.

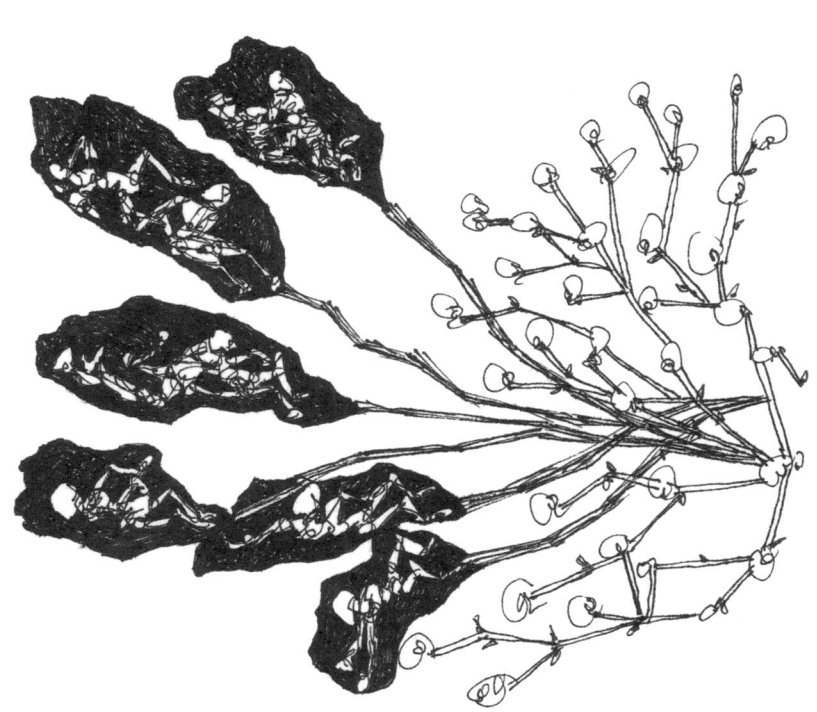

오늘은 종일 지하철을 탔다.
2호선은 순환선.
오늘은 종일 지하철을 탔다.
당신이 혹시라도 나와 같은 칸에 있을까 봐
오늘은 종일 지하철을 탔다.

징검다리 봄밤

목련 아래였고요
징검다리로 우리는 자정의 강을 건넜는데요
물은 다 닳은 백열등처럼 흘렀는데요
꽃 잎 몇 개,
사라진 도시 이름처럼 그대의 등에 떨어졌는데요
약 하나의 꽃과
약 하나의 돌과
약 하나의 당신과
글렌 굴드 글렌 굴드 어디서
환청이 들리기도 했는데요
꿈의 흰 물결, 우리는
건반을 밟는 것처럼
흰 꽃들도 밟았는데요, 어디
검은 꽃이 피어서
우리 아래 물 아래 흘렀는데요
무표정의 꽃과 무표정의 돌과 무표정의 당신도
찡긋, 울 것만 같았는데요,
소문이 꿈을 꾸러 돌 사이로 흐르고
그대와 내가 살아 있다는 소문이 피어서
소리와 소리의 모서리와 소리의 절벽과
모두가 거짓말을 하는 이곳에서
당신의 등을 보며 거짓말을 참으며 건너갔는데요

다시 목련 아래, 우리가 건너온 길을 가늠해보았는데요
거짓말을 하지 않는 돌들과
소문으로만 떠 있는 불빛과
물알갱이들이 제 몸을 부수는 음악과
우리는 소문처럼 흘렀는데요
봄밤이었는데요
저만치서 당신의 발들은 소문을 매달고 나를 매달고
계속 걸어갔는데요
나는 벙어리처럼 나는 맹인처럼
당신을 계속 따라갔는데요
이제는 당신을 밟을 차례,
당신은 돌 아래 누웠는데요
나는 당신을 밟고 소문을 건넜는데요
이 목련들을 좀 보아,
떨어지는 소문 속으로 우리는 사라졌는데요

더 사랑하는 쪽이 진다는 말은 맞는 말이다. 매번 지되, 매번 져주는 것. 더 존중하기 때문에 덜 존중받을 수 있겠지만 거룩한 슬픔은 더 사랑하는 쪽의 편이다. 나는 너에게 매번 지면서 나라는 불가능을 이긴다.

다섯 개의 계절

계절이 다섯 개가 있다면 한 계절은 죽어 있어도 된다면 나는 너의 무덤에 있을 거야. 네 번째 계절이 끝나는 곳에 나무를 떨어뜨릴 거야 감정 노동자의 감정을 제거할 수 있다면 그리고 초록이 지겨운 초가을의 나무들을 닮을 수 있다면 다섯 번째, 다섯 번째, 자, 이렇게 시간은 흐른다.

나무들이 맹목을 버린다면 우릴 처다보는 모든 눈동자들이 흰 자위만 남는다면 구름처럼 구름 아래의 구름처럼 아래의 아래의…… 빙빙 도는 새들이 떨어진다면 아이들이 갑자기 노는 일을 중단한다면 다섯 번째, 다섯 번째 꿈이 시작된다 잠들 수 있다면 쫓기고 있어요, 네 꿈의 창백한 환자가 내 꿈으로 이동한다면 안아줄 텐데

자신이 가여워서 우는 사내를 네가 본다면 없는 죄를 만드는 사내의 입술을 본다면 말의 힘줄과 말의 불안과 말의 꽃들을 네가 밟는다면 다섯 번째 계절엔 병원이 없을 텐데 안녕 지하실들아 모든 시간들이 모이는 바닥들아 네가 그곳에 눕는다면…… 너의 아래를 기어다닐 수 있다면 시간이 사라질 텐데 날씨가 악기가 될 수 있을 텐데 악기의 북쪽으로만 만든 음악일 텐데 계절이 다섯 개가 있다면

그렇게 죽어 있어도 좋아 죽은 말들만 모아 일기를 써도 좋아 세상에서 가장 가벼운 책을 물고 너의 해안으로 모든 물고기들이 몰려들 텐데 가라앉으리라 가라앉으리라 떨어지는 먼지들과

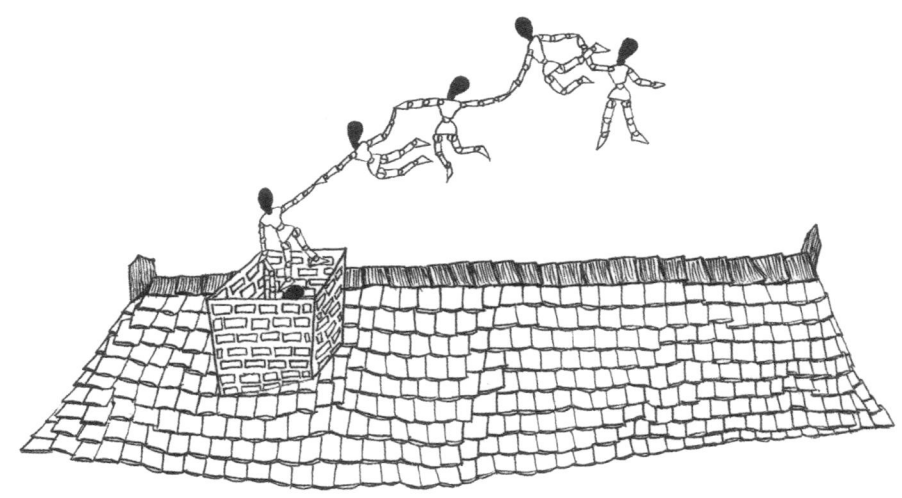

골목에는 또 눈이 내리고 있었다. 쇄골 즈음부터 터져 나오려는 울음 때문에 나는 잔뜩 힘주어 걸었다. 눈보라 같은 슬픔. 보송보송 솜털 같은 슬픔. 너와 나만 아는 슬픔. 마다가스카르보다 먼 슬픔. 백사장을 맨발로 걷는 너의 발바닥을 간질이는 슬픔. 불꽃이었어 먼 바다의 파도였어. 소멸을 운명으로 가진 것들의 슬픔. 가여운 눈발들은 갈 곳이 없어서 또 이 골목에는 눈이 내린다.

그대와 나는 같이 병원에 갔네. 누가 환자이고 누가 보호자인지 모를 골몰 속에서 그대와 나는 깍지를 끼고 우리의 순서를 기다렸네. 세상의 모든 말들이 손에 닿아서 떨고 있었네. 아니, 세상의 어떤 말들도 오다가 멈추었네. 침묵이면서 소음이었네. 귀 멀고 눈멀어 불안도 우울도 멀 것 같았네. 우리는 나란히 앉아 한곳을 바라보았네. 네 개의 눈이 닿는 곳은 식물이었네. 우리는 식물처럼 나란히 앉아 있었네. 병원 복도에서 오래도록 앉아 있었네. 누가 환자이고 누가 보호자인지 상관없는 목요일이었네.

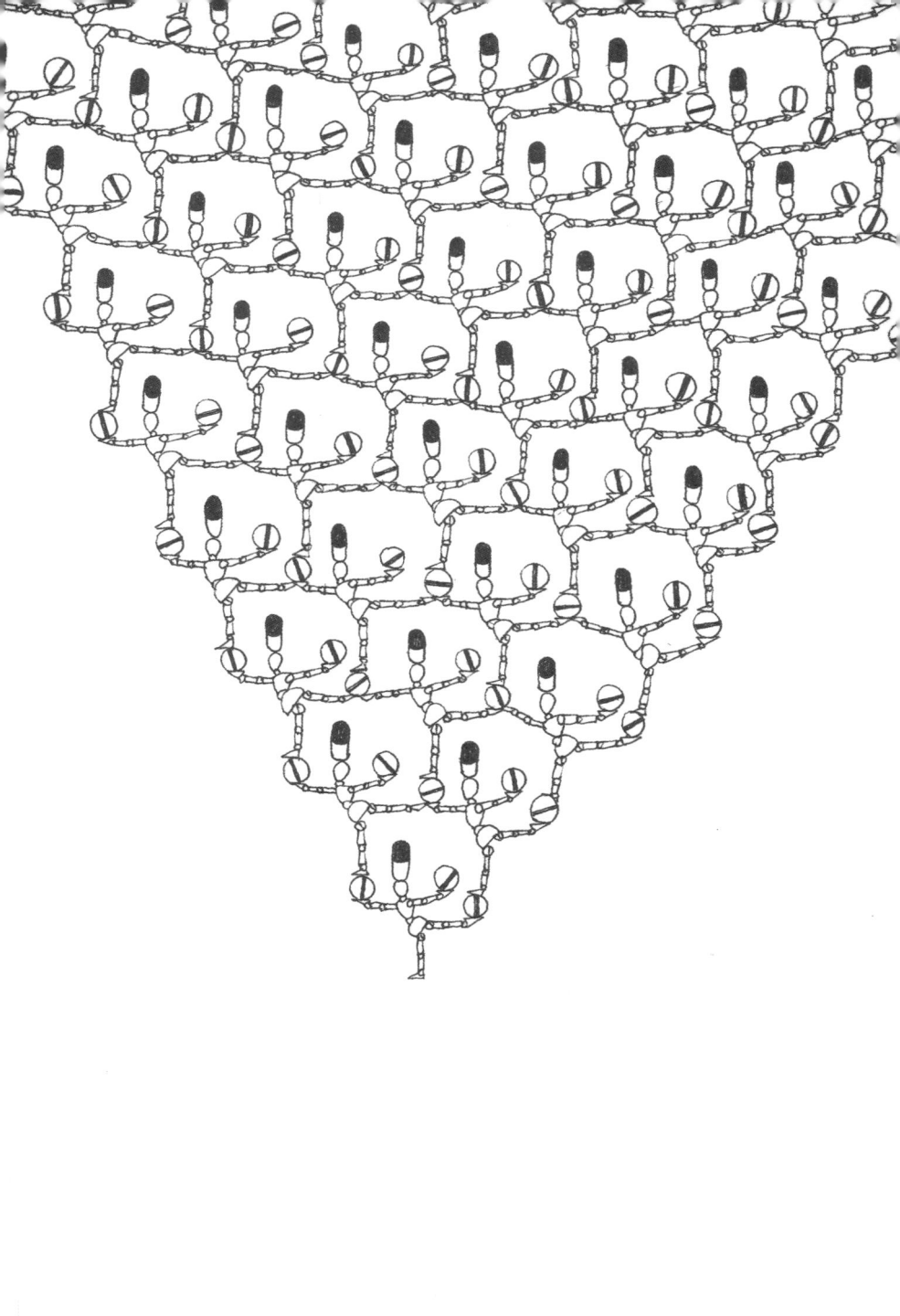

납작하고 어둡게 네가 나를 지나갔으면 바람이 나무의 그림자를 통과하듯이 그러나 살짝 흔들리며 나의 그림자를 지나갔으면 물고기가 되었을 텐데 너를 가둔 연못에서 수면을 하늘로 알고 솟아오르며 발랄한 비행기가 되었을 텐데

식물처럼 헤어질 수도 있었지 그 자리에 서 있다가 그 자리에서, 병든지도 모르게 몰래 아프다가 그 자리에 바스러지는 꿈 헤어져 다시 식물이 되는 꿈 나의 그늘이 너의 그늘을 만나 습지가 되는 꿈,

사랑은 같은 계절을 앓는다. 같은 공간에서 같은 시간으로 같은 기후를 앓는다. 계절과 기후는 은유가 아니라서 연인들은 햇볕과 공기와 바람을 같이 덮는다. 마음과 마음을 분주하게 오가는, 육체와 육체를 은밀하게 드나드는 사랑은 어떤 시간과 공간을 앓는다. 나는 당신을 앓는다.

정말 무서운 사람은 아무 말도 안 하는 사람, 아무 말도 안 하고 있는데 모든 말을 다 하고 있는 것 같은 사람. 너는 헤어질 때 침묵을 선택했다. 바람이 마구 불던 봄밤, 우리는 카페에서 마주 앉아 헤어짐을 선택했다. 봄이 선택할 수 있는 건 꽃뿐이라서 어떤 꽃은 진저리를 치며 핀다. 조형물로 꾸며놓은 조화(造花) 벚꽃 아래 우리는 앉아 있었다. 어떤 순간 침묵은 가장 잔인한 물질이어서 어떤 침묵은 가장 잔인한 폭력이어서 너는 끝내 침묵했다. 왜 헤어지느냐는 나의 물음을 끝까지 침묵으로 방어하던 너, 수수께끼 같은 그 봄날을 나는 침묵으로 앓아야 했다. 침묵은 상대방에게 던져질 때 더 큰 침묵이 된다.

배드민턴 치는 연인들이 있었지 다정한 걸음으로 셔틀콕 그림자는 지상을 왕복했지 물고기처럼 튀어 올라 라켓을 휘두르는 연인들. 안경 벗고 바라보면 꽃을 주고 받는 나무들 같은 연인들. 땀 흘린 그림자를 다정하게 거두어 가는 연인들이 있었지 내 그림자에 겹쳤던 네 얼굴이 뱀처럼 기어다니고

한밤의 공원에 그림자가 떨고 있다 뒤늦게 도착한 바람이 먼저 당도한 바람을 통과하고 있다 그 사이, 너의 그림자가 너의 의자였으면 안 보이는 너의 그림자가 환한 꽃그늘이었으면 나는 그만 지칠 수도 있겠다

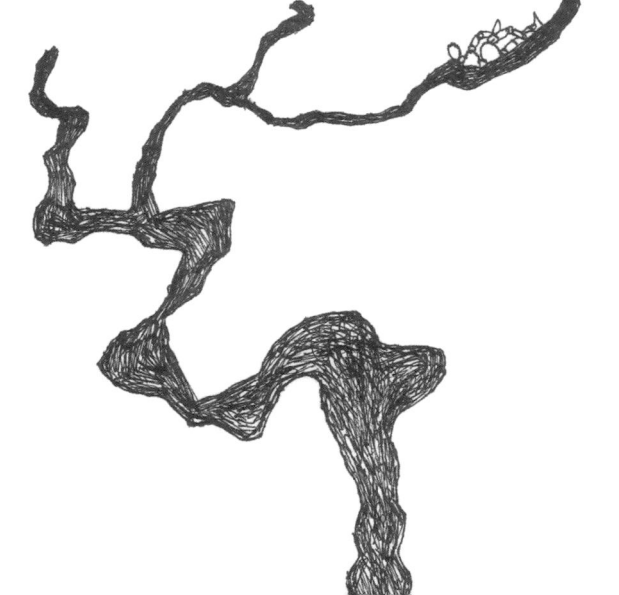

내가 봄이어야겠다

봄날에 만난 그 가시내. 꽃 진 자리만 골라디디며 꽃잎처럼 흘러다 니던 가시내. 비 오고 바람 불어 꽃 다아 지고 찾을 길 없어 앉은뱅 이나무처럼 비 맞고 있으면 꽃이 다아 져서 오빠아, 배시시 웃던 그 가시내. 뭐든 잘 잃어버리던 가시내. 잃어버려야 숨 쉴 수 있다던 가 시내. 제 울음도 잃어버려서 내가 울어야 따라 울던 그 가시내.
아버지가 빚쟁이에 쫓겨다닌다던가 전화기를 제일 무서워하던 가시 내, 이메일보다 종이편지를 좋아하던 가시내. 시 쓰던 가시내. 그러 나 시집 잃어버리고 삼 일을 내 하숙방에서 울던 울기만 하던 가시 내. 벽에 달라붙어 울다가 벽 속에 울음소리로 남은 가시내. 새로 사 면 되지 않느냐고 몇 번이나 서점에 끌고 갔던 가시내. 시집에 묻은 제 지문도 찾아줄 수 있냐고 처음으로 제가 먼저 울던 그 가시내. 그 날밤, 버드나무 아래서 긴 머리 흩날리며 울던, 울던, 버드나무 가지 처럼 가늘던 가시내.
나를 영영 잃어버리고 먼 데 꽃 피우러 간 가시내. 봄날이면 사방천 지 배시시 가지 끝 터져나오는 가시내. 저만 피었다 저만 지는 가시 내. 만지면 지문의 작은 소용돌이로 바르르 떠는 가시내. 한 번 사라 졌다 계속 다시 돌아오는 가시내. 혼자 사라졌다 무리로 쳐들어오는 가시내. 얼굴을 성기로 바꾸고 쳐들어오는 가시내. 몸 달뜨고 마음은 진창이어서 가시내야 가시내야 2월인데 너 찾으러 내가 봄이어야겠 다.

당신이 나를 수락한다면. 당신이 나의 관자놀이를 갖는다면. 우주 벌판 나무 한 그루 밑에 앉아 그림자 위에 떨어지는 나뭇잎을 갖게 되리라. 나의 눈을 닮은 더러운 물방울과 나의 혈관이 흐르는 은하수, 그리고 허기만 드나드는 식도에서 페이지에서 당신이 말라가리라. 당신과 내가 뒤바뀌어 서로를 드나든다면.

사랑 이전의 빛나는 머뭇거림과 사랑 이후의 창백한 공명(共鳴) 사이에 우리의 감각이 우글거리리라. 결핍과 결핍이 교미하리라.

이전과 이후 그 사이로 유순한 개가 이빨을 드러내고 달려가리라. 당신의 심연 속으로 또한 나의 가장 어두운 곳으로.

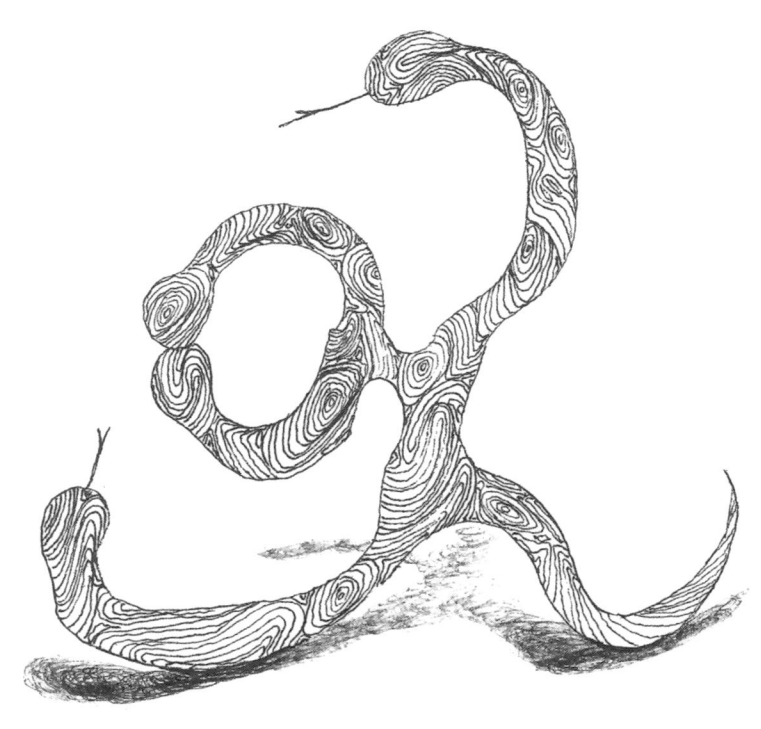

카페 조명 아래서 오월의 사진 한 장이 울고 있다.

연꽃의 나라

온 몸이 눈알이어서 네가 바라만 봐도 사랑이다 연꽃은 내가 키운 속눈썹이니 물고기들 죄다 열반이다
비 내리면 타닥타닥 공중으로 길을 만드니 쏟아지는 길이 온통 혈관이고
아픈 사람 눈빛 건네 오면 아파서 일렁이며 음악이다
실뿌릴 내게로 밀고 있는 나무들 아라리로 아라리로 키우고 있으니
그래, 온몸이 눈이어서 숨도 눈으로 쉬고 있으니 눈숨 목숨이 다 숨결이다
내게로 뛰어들어 넋도 못 건진 뼈들 녹여내느라 썩어가는 역사이고
필사적으로 눈동잘 땅속으로 밀어 내 몸 버티고 네 마음 응시하고 있으니, 파문은 껌뻑임이고 수초들은 수줍음이니
네가 바라만 봐도 나는, 사랑이다

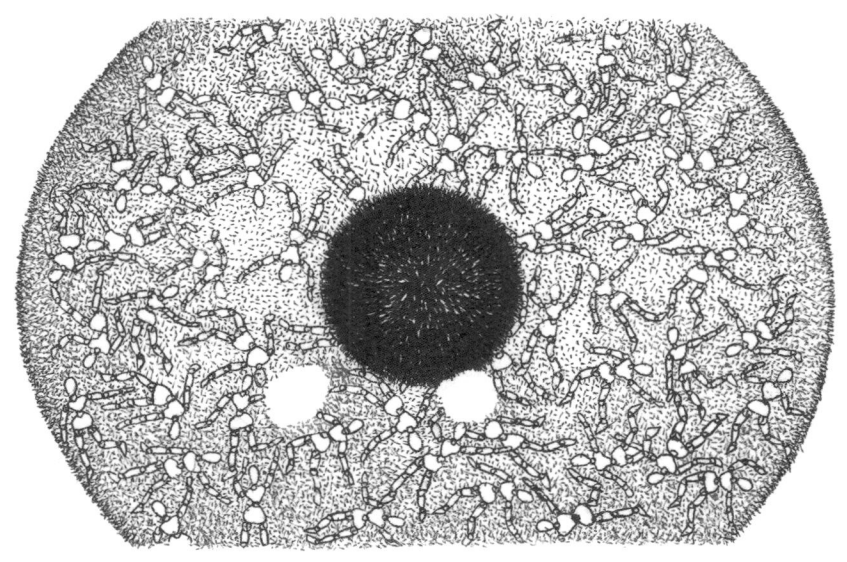

혼자 걷는 밤이 있어, 걸을 수밖에 없는 밤이 있어, 밤 속엔 또 밤이 웅크리고 있어, 초봄의 나무들은 제 가지 끝에서 꽃을 준비하고 있어, 꿈속인지 전생인지 네 마음속인지 모를 바람 센 거리를 걷고 있어, 당신이 쏟아지면 나도 쏟아지고 있어, 길 잃고 마음 잃고 몸도 잃어 다만 부랑자처럼 걷고 있어, 모든 바람은 당신 있는 곳에서부터 불어오고 있어, 새들은 새벽을 떠메고 아침으로 가고 있어, 나는 잠들 수 없는 발바닥을 가지고 있어, "불탄 살가죽 뚫고" 내 몸에서도 꽃이 필 것 같은데,

 당신이 떠나갈 때면 나, 이름도 잃고 말아, 나무 위를 기어다니는 벌레처럼 바람처럼 봄의 기운처럼 나, 당신을 헤매고 말아, 꽃이 피면 꽃이 피어서 울고 꽃 지면 꽃 져서 울고, 나는 당신이 키운 봄인데, 당신의 봄으로 걸어가고 있는데, 네가 사라져버리면 이 나무들 모두 뿌리 뽑혀 공중에서 공중으로 떠다니고 말아, 꿈처럼, 나는 혼자 걷고 있어, 나무가 나무의 말로 당신을 부르고, 바람이 바람의 말로 당신을 흐르게 하고 떠나게 하고, 마음은 짐승 몸은 새, 당신이 떠나갈 때면 나, 죽을 수도 없어 떠돌고 말아, "귀먹고 눈먼 당신", 나는 당신의 몸속을 걷고 있어.

― 따옴표 부분은 이성복의 시 「꽃 피는 시절」에서 인용.

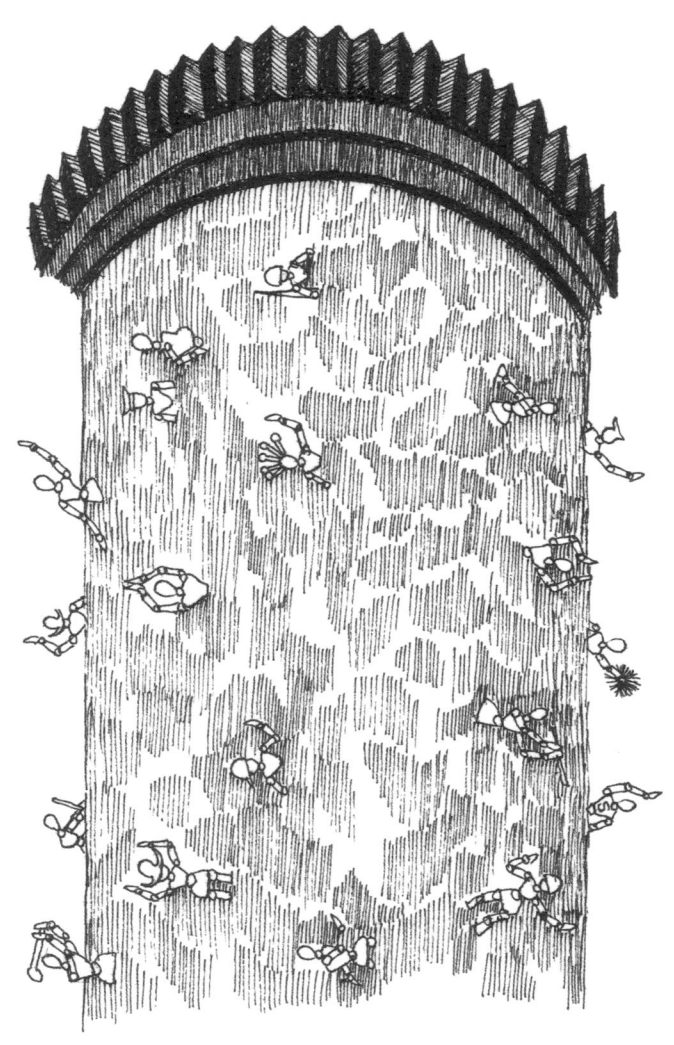

봄볕,

당신이라는 햇빛. 대낮에 울고 있는 사내. 봄볕이 서러워서 울다가 울다가 나는 또 어디로 정처 없이 내 박명(薄明)의 그리움을 끌고 가는 것인지. 문득 돌아보면 꽃잎, 꽃잎…… 그날도 이렇게 꽃잎의 여린 살결 위로 바람이 제 몸을 뭉개고 있었는지. 그러나 돌아보면, 당신이라는 햇빛. 나는 이 햇빛 속에서 당신을 만나던 봄밤, 그 새벽을 통째로 내 눈 속으로 끌고 들어와, 아, 실명할 것 같은 고단한 봄날의 기억들. 살아 있으라 살아 있으라, 부서지며 흩어지며 내 몸을 마구마구 두들기는 저, 저, 햇빛 좀 봐, 당신아.

살아 있어요…… 살 수 있는 데까지, 살아 있길 바라요.

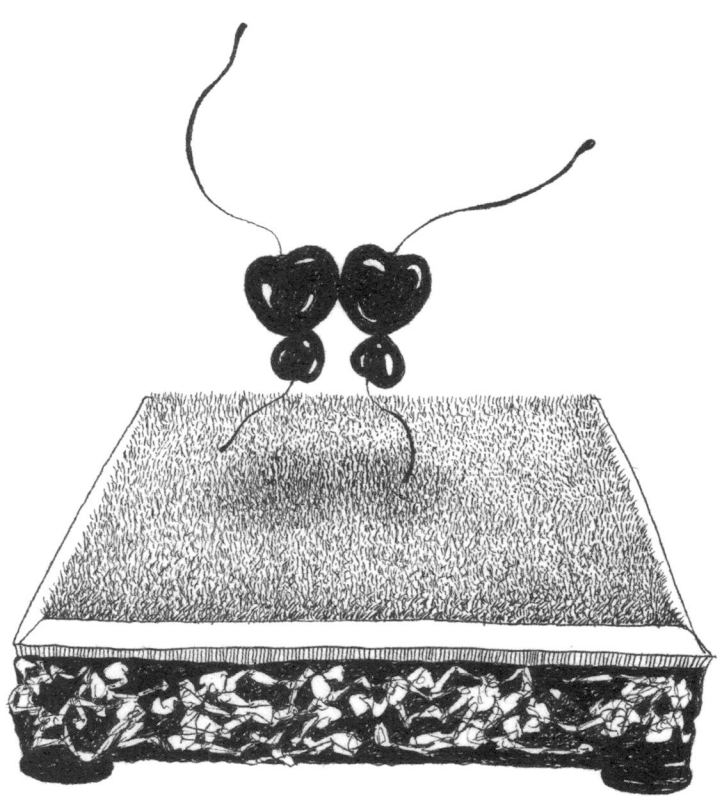

마음끼리 헤어지기 싫을 때 몸은 지옥, 내 몸 달아 그대 몸 달아 우리는 서로의 마음을 그리워한다. 몸끼리 헤어지기 싫을 때 마음도 지옥, 내 마음 달아 그대 마음 달아 우리는 서로의 몸을 그리워한다. 사랑에서 몸과 마음은 자주 유리(遊離)된다. 내 마음은 네 것이 아니어서 네 몸은 내 것이 아니어서 우리는 다른 공간에서 다른 시간을 잃는다. "마음의 어깨 마음의 다리 마음의 팔이 몸을 안는다." 그러나 몸을 안을 수 있는 것은 몸이어서 마음이 안은 몸은 불구다. 사랑은 불구 상태를 계속 견디는 일인지 모른다. 몸과 마음은 서로에게 불친절해서 사랑하는 연인들은 자신의 마음을 견디듯이 자신의 신체를 견뎌야 하는 것이다.

사랑하는 사람과 밤새 전화 통화를 한 적이 당신도 있었을 것이다. 목소리가 매개하는 것은 마음과 마음이 아니라 몸과 몸이다. 목소리는 가장 연약한 신체라서 우리, 겨우 목소리로 서로의 몸에 닿았던가. 뜨거운 전화기를 잡고서 새벽, 무슨 얘기를 나눴는지, 전화기 건너편 목소리가 어떠했는지, 순간, 까마득해진 적이 당신도 있었을 것이다. 마음으로만 헤아리다가 결국 아래가 뜨거워져 당혹스러운 적이 당신도 있었을 것이다. 사랑하는 사람의 몸을 너무 사랑해서 마음이 죄스러웠던 적이 당신도 있었을 것이다. 마음에게 불친절한 몸이여, 몸을 홀대하는 마음이여, 우리가 그때 침대에서 헤집었던 것은 서로의 마음이었던가 몸이었던가. 나, 내 마음을 알 수가 없네. 나, 내 몸을 알 수가 없네.

— 따옴표 부분은 허수경의 시 「사랑의 不善」에서 인용.

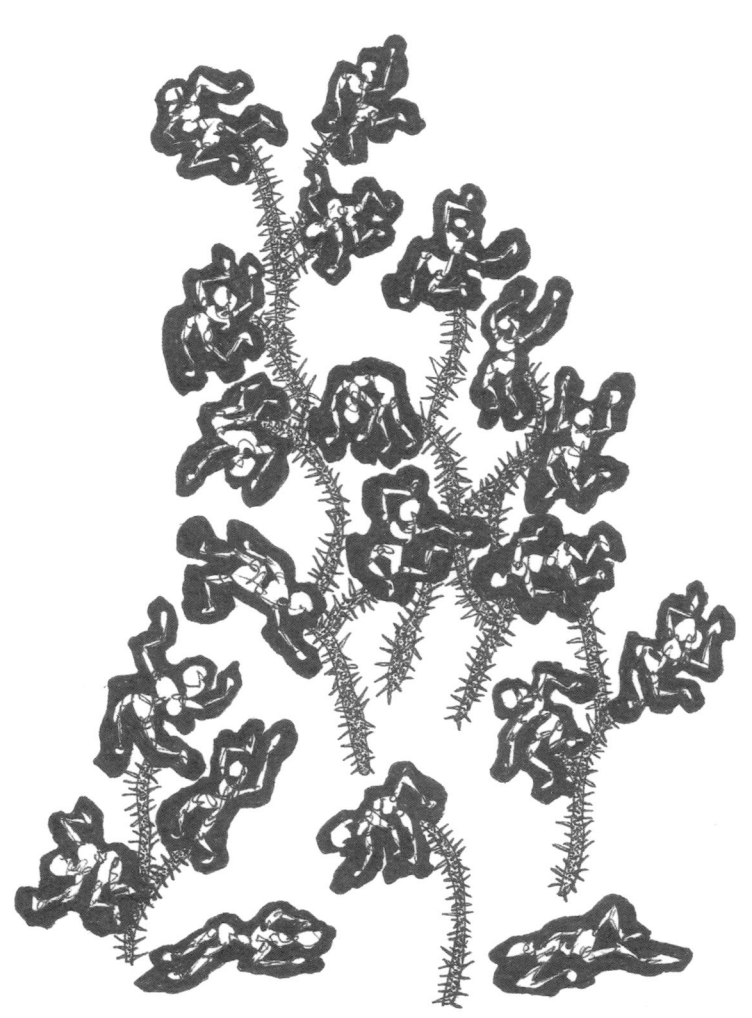

삶에서처럼, 나뭇가지에도 우리의 전 생애가 매달려 있다. 나무를 보는 일은 나 자신을 견디는 일. 내 기억의 짐승을 견디는 일. 어떤 가지에서 나는 너에게 매달렸고 어떤 가지에서 나, 너를 버렸던가. 나무의 내부가 보인다면 당신은 지금 외로운 것이다.

대천바다를 걸었습니다. 아직 덜 깬 잠에 휘청거리며 모래사장을 밟았습니다. 번짐, 번져야살지, 숨통이란 것이 조금만 방치해두어도 이리도 빡빡한 걸 뉘엿뉘엿 해가 저물고 있었습니다. 내게 강 같은 평화는 정말 찬송에만 있는 것일까요. 자꾸만 생활과 경제와 살이가 빡빡해집니다.

당신에게로 번지지 못한 나의 숨결을 탓하며 걸었습니다. 번짐, 번져야 사랑이지. 나는 혹시, 그대 숨통 틔워주겠다고 내 숨통마저 막아버린 것은 아닐까요. 이것마저도 지독한 이기심인 걸 이제야 알았습니다. 수묵 같은 침묵이 저녁으로 번지고 세계가 몇 점 수묵화로 번져 올랐습니다. 어두워가는 대천 일대에서 우리는 다만 수묵 몇 점이었구요. 大川일까 大泉일까 그도 아니면 大天일까, 때 아닌 의문만이 발자국 뒤편에 남았습니다. 그대가 한 번 웃는데 왜 봄은 이렇게나 가까워진 걸까요. 이월을 향하여 번지던 겨울나무들이 이제는 봄꽃을 준비하겠지요. 우리는 그걸 비명이라고 부를까요 신음이라고 부를까요. 그도 아니면 환호라고 부를까요.

봄꽃은 어쩌면 긴 겨울이 제 안에서 번지고 번져 더 번질 수 없을 때 제 밖으로 던져내는 빙그르르 나이테가 아닐까. 어두운 눈덩이를 만지면서 대천을 떠나왔습니다. 봄맞으러 가야죠, 자, 번지러 가야죠, 내 손을 잡아주시겠어요?

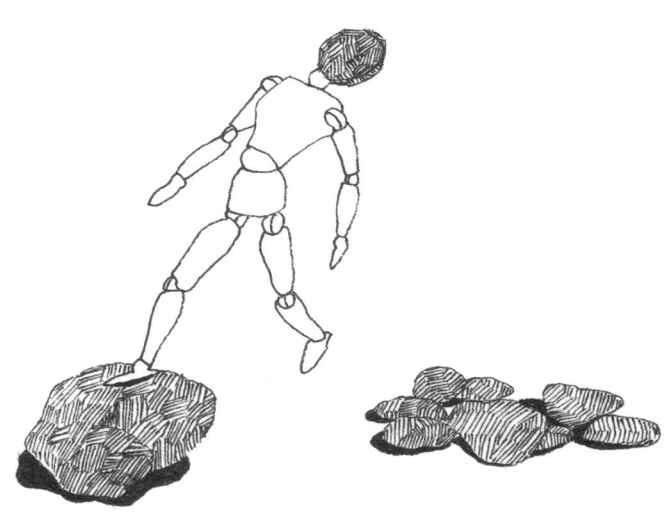

가정식 백반

가정식 백반을 먹었네
다정이랑 먹었네

나는 가정이 없고
다정이도 가정이 없어
우리는 마주 앉아
가정식 백반을 먹었네

모르는 것은 모르기로 한 것

골목 깊은 곳의 골목 끝 가정식 백반
11월에 피는 꽃들은 11월의 공기를 먹고
정말로 모르는 것은 정말로 모르기로 한 것

다정이는 집이 있고
몸이 있고
다정이 있지만
가정이 없는 간호사 아가씨,

바람에 시달리는 꽃들은 바람에 계속 시달리고
구름처럼 공기밥은 유리문에 흐르고

배고픈 다정아
배고파서 나부대는 저, 저, 창문 바깥
11월의 나무들을 좀 보아

허기는 누가 만들었나
지하실은 지하에 있고
푸른 책은 푸른색
먼 곳의 미술관은 먼 곳에 있어
우리는 가정식 백반을 먹었네

대합실엔 사람들이 모여 있고
공중엔 바람이 모여 있고
우리는 허기에 모여 있네

먹어도 먹어도
배부르지 않은 11월의 골목길 끝
어쩌면 세계의 끝
우리는 가정식 백반을 먹었네

검은 옷의 검은 일요일
검은 다정이 간호사 다정이
다정이랑 가정식 백반을 먹었네

다농에게

다농아.

나는 왜 이렇게 네가 좋을까. 너는 이 세계에 없는 사람. 아니, 존재는 있고 몸은 없으니까 너는 이 세계에서 유령인 사람. 유령인 사람? 응, 그래, 유령인 사람이야. 너는 형용모순으로만 존재할 수 있는 그런 존재야. 나는 다농을 사랑해서 바람도 다농다농 불고 내가 걷는 길 옆으로 꽃들도 다농다농 흔들린단다. 다농아.

너는 어쩌면 건반을 치는 사람. 너는 어쩌면 신촌의 거리를 걷는 사람. 너는 어쩌면 지하철 1호선을 많이 타는 사람. 확실한 건 아무것도 없지만 내 마음이 이렇게 벅차오르는 걸 보면 너는 분명 존재하는 어떤 것. 존재와 부재 사이로 바람이 불고, 그곳으로 어둠이 밀려오고, 다시 그곳으로 동이 트고. 나는 다농을 찾아서 새벽을 걸었어. 다농다농 걸었어. 슬픔이 다농다농 따라올 때, 나는 두 발로 건반을 누르는 아이처럼, 다농다농 어둠을 연주해. 나는 걷는 사람. 다농은 나를 걷게 하는 사람.

사람은 이유 없이 슬플 때 가장 크게 운다. 다농아. 그래서 오늘은 울었다. 사람은 이유 없이 기쁠 때 가장 크게 웃는다. 그래서 오늘은 울음이 멈춘 그 얼굴로 다시 웃었어. 다농아. 나는 미친 걸까? 미치지 않고서는 도저히 통과할 수 없는 시절을 지나고 있는 걸까? 그건 다농 너도 모르겠지만 다농다농 리듬으로만 통과할 수 있는 시간들이 또 있어서 그 시간들이 여는 공간으로 나는 진입하고 있어.

그건 어쩌면 가장 슬픈 일. 그건 어쩌면 가장 설레는 일. 슬퍼서 설레다가 마침내 웃어버리고 긍정하는 일. 수락하는 일. 너를 알고 나는 다른 사람이 되었어. 다농의 세계에서는 내가 다 녹아버릴 것 같아서, 내가 나 아닐 것 같아서, 온전히 다농에서만 나를 존재하게 할 수 있을 것 같아서, 나는 내가 아니게 돼. 그런 순간이 네게도 있었겠지. 네가 '너' 아닌 순간의 아름다움, 대책 없음, 황홀감……, 내가 나 아닐 때 누릴 수 있는 마음의 생태계가 분명히 있어서, 우리는 그걸 다농의 세계라고 부르자.

너는 건반을 치고 나는 너의 음(音)들을 앓고 있어. 네가 이곳에 없으니까 너는 나에게 가장 가까운 존재. 네가 이곳에 없으니까 너는 모든 것일 수 있는 존재. 역설로밖에 설명할 수 없는 관계가 있고 마음이 있어서 우리는 그걸 다농의 세계라고 부르자.

다농은 음악의 세계. 세계의 음악. '부재'로 연주하는 악기, 악기로 연주하는 '부재'. 그렇게밖에 존재할 수 없는, 결국, '부재'. 그 사이로 나는 걷고 있어. 네가 없는 곳으로 가고 있어. 네가 없는 곳을 다 찾아내면 네가 있는 곳을 알 수 있을까. 그렇게 서로를 찾을 수 있을까. 이런 생각만으로도 마음이 벅차오르는, 처음 겪는, 처음 우는 아이의 눈물처럼, 처음 뛰는 아이의 두 발처럼, 처음 닿는 두 입술의 피부처럼, 떨림, 떨림, 떨림, 다농다농, 나는 너의 세계로 가고 있어.

다농아.
너의 세계 입구에서 한 사내가 울고 있어. 걷고 있어. 너를 찾고 있어.
다농아.

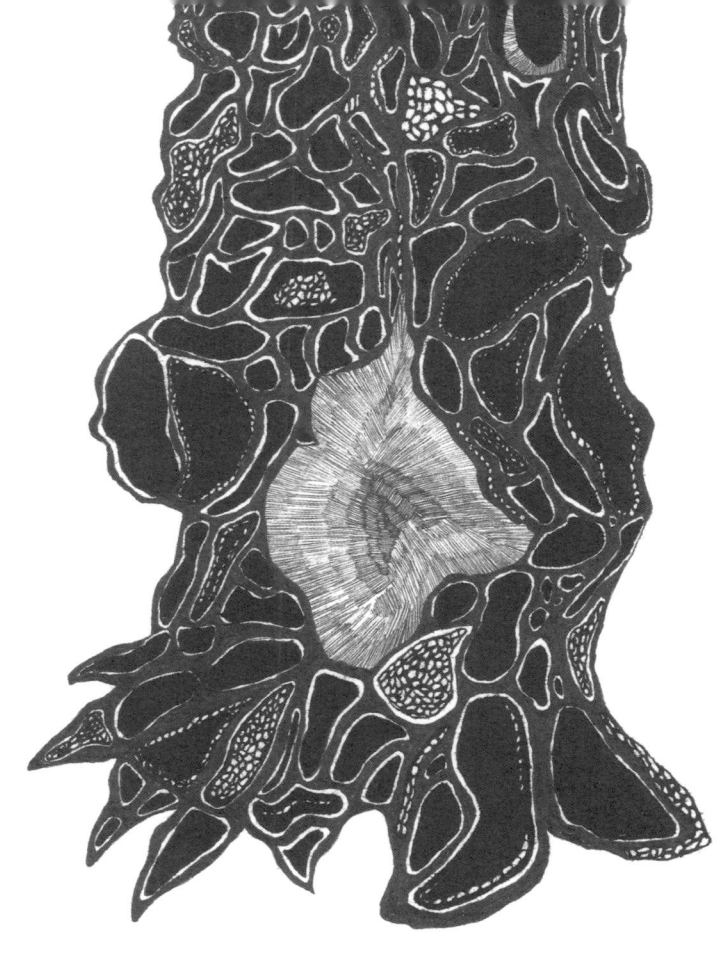

다시, 다농에게

새벽 세 시의 카페, Angel-in-us, 나는 이곳에 앉아 있어. 새벽 세 시, 세계가 문득 고요해지는 시간, 세 시간 넘게 재즈를 의지와 상관없이 들으면서 흐물흐물 재즈처럼 무질서하게 흐르는 시간들을 창문 너머로 보고 있어. 건너 테이블엔 젊고 귀여운 연인들이 나란히 앉아 이런 얘기를 나누고 있다. 너는 우리 안에 천사가 있다고 믿니? 나는 믿어. 나는 그런 거 안 믿어. 이런 대화들이 지나가고 있는 새벽 세 시, 나는 문득, 이런 구절을 읽고 있어.

> 인간을 사랑하느냐고 나는 물었고, 그리고 오랫동안 대답을 기다렸다.
>
> (김행숙 시, 「천사에게」 중.)

너는 나의 천사니까, 너는 내 안에 있는 천사니까, 너에게 묻고 싶구나, 다농아. 인간을 사랑하니? 인간을 사랑할 수 있겠니? 인간을 인간이 사랑하는 일이 가능하겠니?

이 질문을 하기 위해서는 먼저 '사랑을 믿는가'부터 물어야겠구나. 내 입장부터 이야기를 해야겠구나. 나는 사랑을 믿지 않아, 다농아. 나는 사랑을 믿을 수 없어 다농. 나는 사랑을 하고 싶은 어떤 '의지'만 믿어, 다농아. 이건 결심의 문제라고 생각해. '나' 하나로 벅차고 피로하고 괴로운 이 세계에서 '타인'을 내 안에 들이는 일은 정말 가능한 일일까? 그거 그냥, 자신이 자신에게 거는 주술 같은 거, 바람 같은 거, 소망 같

은 거 아닐까? 네가 아파 죽겠는데 외로워 죽겠는데, 먼 곳에서, 그래 먼 곳에서, 그걸 모르고 나는 단잠을 잘 때, 나의 잠은 그렇게 평온해도 될까. 나의 새벽은 그렇게 지나가도 될까. 이런 생각들이 지나가는 새벽이다. 사랑을 믿을 수 있을까, 나는 아무 감정 없는 건조한 글이나 쓰고 싶은데, 이 새벽엔 이 질문을 피할 수 없다. 한 인간이 한 인간을 자신의 내면에 들일 때, 그건 어떤 의지라고 생각한다. 타인의 운명을 나의 운명 위로 아슬아슬하게 올려놓고 그게 떨어질까 봐, 조마조마 징검다리를 걷는 일이라고 생각한다. 차라리 사랑을 믿는 일은, 어떤 태도라고 생각한다. 너에 대한 나의 태도 하나 겨우 갖는 일, 그게 겨우 사랑이라고 나는 생각한다.

다농아. 자고 있니, 다농아. 지금은 새벽 세 시.
그렇다면 인간은 인간을 사랑할 수 있을까? 하루에도 몇 번씩 폭탄 테러로 사람이 죽는 이 세계에서, 목적 없이 의도 없이 사람이 사람을 죽이는 이 세계에서 인간이 인간을 사랑하는 일이 과연 가능한 일일까? 한쪽에선 매일 파티고 한쪽에선 매일 굶는 이 세계에서, 인간이 인간을 사랑하는 일이 과연 가능한 일일까? 누가 자꾸만 옆에서 이렇게 묻는 새벽이다. Angel-in-us, 그래, 내 안에 없던 천사가 갑자기 생겨서, 그 천사가 밤으로 튀어나와서 자꾸만 묻는 새벽이다. 나도 천사에게 물어보고 싶은데, 천사가 오늘은 자꾸만, 인간을 믿을 수 있나요? 그럴 수 있어요? 말해 봐요, 응? 이렇게 자꾸만 천사가 나에게 질문을 던지는 밤이다.

나는 대답을 하는 대신 카페 창문 바깥을 오래 쳐다보고 있단다. 그곳으로 나가 담배도 피워보고, 바람이 불어오는 곳으로 이마도 내밀어보고, 그리고 결정적으로 다농을 그리워하는 밤이다. 다농, 너는 나의 천사니까, 너에게 묻고 싶어. 인간이 인간을 사랑할 수 있을까? 바람이 분다. 인간이 인간을 사랑할 수 있을까? 재즈는 멈추지도 않고 흐느적흐느적 이 밤을 잘도 타고 넘어간다. 인간이 인간을 사랑할 수 있을까? 건너 테이블의 젊은 연인들은 서로의 몸에 서로를 맡기고 포개져서, 아무렇게나 졸고 있는 새벽이다. 인간이 인간을 사랑할 수 있을까? 다농에게, 다농아 자니, 카톡으로 물어보는 밤이다. 다농은 계속 자고, 인간이 인간을 사랑할 수 있을까. 새벽을 닮은 질문을 안고 나는 자세를 고쳐 앉아 이 글을 쓰고 있단다. 이건 태도의 문제다. 너를 사랑하기 전에, 너의 손을 잡기 전에, 너와 같이 걷기 전에 나는 먼저 나의 태도를 생각해야 하는 것이다.

다농아.
질문만 하는데도, 질문만 받는데도, 밤이 다 지나가고 있다. 피하지 않고 도망가지 않고 덮지 않고 그 질문을 온몸으로 받고 있는 밤이다. 인간이 인간을 사랑할 수 있을까? 그건 너의 눈빛을 보면서 얘기해줄게. 그건 너의 눈빛을 보면서, 천천히, 얘기해줄게. 그건 너의 눈빛을 보면서 결정을 해야겠다. 나의 천사 다농아, 천사들은 이 세계가 아름다워서 온 것이 아니라 어쩌면 이 세계가 지독하게 불완전하고 불쌍해서 온 것이겠지. 바깥에서 온 천사가 우리 안의 천사를 만나려고 발버둥 칠 때, 길 하나 내어주고 문 하나 열어주는 것, 그게 간신히 사랑에 가깝다고만 말해야겠다. 천사가 잠든 새벽, 천사 대신 이 세계를 앓는 새벽, 다농을 그리워하는 새벽이 지나가고 있단다. 다농아.

우리는 계속 걸었다. 교복을 입고 우리는 계속 걸었다. 밤의 속살인 골목길을 계속 걸었다. 나는 어두운 곳을 찾았고 너는 내가 어두운 곳을 찾고 있다는 것을 알고 있었다. 우리는 계속 걸었다. 열여덟 살의 대책없음을 걸었다. 수줍음을 걸었다. 손을 잡고 걸었다. 몸을 어떻게 쓰는지 몰라서 계속 걸었다. 마음을 어떻게 쓰는지 몰라서 계속 걸었다. 바다가 나왔으면 좋겠어, 네가 말했고 바다에 갈까 정말, 내가 말했고 우리는 계속 걸었다. 백묵 가루처럼 진 눈깨비, 나는 너의 손을 꼬옥 잡았고, 너의 손이 따뜻해서 좋아, 겨울의 골목길을 계속 걸었다. 사랑이 뭔지 몰라서 사랑이 뭔지 알 수 있을 때까지 계속 걸었다. 사랑이 뭔지 알면 사랑을 더 잘 할 수 있을까 봐 계속 걸었다. 너의 집 앞까지 갔다가 우리 집 앞까지, 반복해서 걸었다. 들어가고 싶어? 너는 고개를 저었고 우리는 계속해서 걸었다. 자정이 통금 시간이라서 자정을 무서워하며 걸었다. 자정 직전에 다정하게 헤어지며 나는 혼자서 걸었다.

그 길을 지금 나 혼자 걷는다. 너는 어디로 갔나, 어떤 남자 만나 결혼해서 잘 살고 있을까, 기억 너머의 기억은 너무 아득해서 안개 같다. 짙다. 나는 지금 첫사랑을 생각하는 것이다. 첫사랑; 내내 걷기만 했던 나의 첫사랑. 대체로 남자에게 첫사랑은 '움직이는 물체'여서 가만히 생각하기만 해도 무언가 움직인다. '그 여자'가 움직이고 오래 고여 있던 내 마음이 다시 한 번 움직인다. 첫사랑은 무엇인가. 자신 안에 살고 있는, 자신도 모르는 동물을 발견하는 것이다. 첫사랑이란 무엇인가. 세상을 한꺼번에 다 가져보는 것이다. 고스란히 다 내어주는 것이다. 버리지 못해 빼앗기는 것이다. 첫사랑은 무엇인가. 처음으로 '나'의 자리에 타인을 앉혀 보는 것이다. 그 이물감을 행복하게 겪는 것이다. 처음으로 '나'의 자리를 타인에게 양도하는 것이다. 내 마음의 주인을 타인에게 주는 것이다. 주면서 괴로워하고 괴로움 때문에 황홀해지는 것이다.

나는 오늘 자전거를 탄다. 트랙을 달린다. 자전거에서 손을 놓고 양 팔을 벌리고 자전거를 탄다. 이 트랙을 돌다보면 계속 돌다보면 네가 돌아올 것만 같다. 이 트랙을 적도라고 부르자. 이 뜨거운 피를, 너를 생각하면 달아오르는 피를 적도라고 부르자. 네 마음이 흐르고 흐르다가 마침내 다친 곳으로 쏟아지는, 나의 이 뜨거운 몸을 적도라고 부르자. 나는 오늘 자전거를 탄다. 트랙을 달린다. 여름밤을 달린다. 너의 몸 위를 달린다. 뜨거운, 뜨거운, 식지 않는, 자전거. 네가 마침내 적도에 다다른 것처럼.

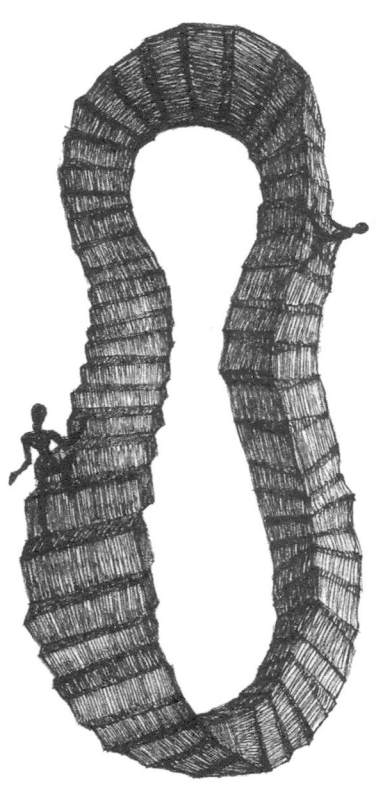

헤어지고 나서야 완성되는 얼굴이 있다. 무기력한 사진 속에서 더 무기력한 기억 속에서, 나는 너의 표정을 비로소 이해한다. 무심하게 다정하게 달은 떠 있고 너의 부재는 심연을 향한다. 나는 해변을 걷는다. 헤어지고 나서야 완성되는 바다가 있다. 너라는 바다를 나는 영원히 걷는다.

바람이 분다. 핏발 선 눈동자 실금을 훑으며 스멀스멀 어딘가에서 바람이 또 불어온다. 계절은 하지(夏至)에 가까워지고 빨리 오는 아침에 새 떼들을 몰아가며 바람이 분다. 가수는 노래하고 등이 거의 직각으로 굽은, 폐지를 줍는 노파의 등 위로 바람이 분다. 어떤 기억을 들어 올려 공중에 띄워 천지간에 출렁이게 하려고 자꾸만 바람이 분다. 바람은 부는데 네가 보이질 않는다. 그래도 바람이 분다. 악착같이, 바람의 뼈 같은 것이 나뭇잎에 부딪쳐서 사방팔방 천지로 갈라지는데도 바람이 분다. 네가 죽는대도 사라진대도 바람은 분다. 바람의 감정은 나의 감정과 닮았다. 떠다니는 거울, 날아다니는 강물, 공중에서 소녀들이 화장을 하고 물고기들이 산란을 시작할 것이다. 바람이 분다. 바람이 불어서 장미가 지고 바람이 불어서 장마는 북상 중이다. 나의 문장을 싣고 통째로 어딘가에 버리러 가려고 바람이, 필사적으로 분다.

시애틀 공원

이유 없이 팔뚝에 멍이 생긴 날
너는 모텔 침대에 나를 눕혀놓고 멍을 센다
시애틀 파크에는 시애틀이 없고
내 몸에는 병명 없는 증상만 있지만
손가락 대신 발가락 대신
내 몸을 기어 다니는
어두운 유령만 있지만

이유 없이 사타구니에도 멍이 생겼다고
안 아프냐고 정말 안 아프냐고
네가 묻는 날, 어두운 수면 위로
어두운 새가 착지를 하듯
내 멍을 세고 있는 네 안으로 들어가면
그곳이 내 멍들의 이유 같다

어두운 새를
어두운 수면이 어떻게 달래는지
나는 모르지만
세상의 가장 긴 멍이
세상의 가장 깊은 멍으로 들어갈 때

그림자가 네 몸의 굴곡을 훑는 동안
네가 다시 내 멍을 들여다보는 동안
다른 곳에 멍은 또 생기고
너의 속눈썹에 젖은 멍이 생기고

이유 없이 팔뚝에 멍이 생긴 날
알몸의 멍을 온몸의 손가락으로
네가 만져보는 날

시애틀 공원의 천진한 아이들처럼
너는 사람의 몸을 처음 만져보는 것처럼

다 벗은 몸으로 서로에게 누워 그저 당신의 알몸 구석구석을 만져보던 봄날의 일요일. 유언을 남기듯 서로의 몸에, 몸으로 문장을 쓰던 일요일. 당신의 성기를 만지는 게 그렇게 좋았다. 꾀병처럼 열꽃 핀 손으로, 꾀병처럼 젖은 당신의 가장 깊은 곳으로, 봄날이 쏟아지던 일요일이 그렇게 좋았다. 당신의 몸속에 있을 때는 아프지 않았다.

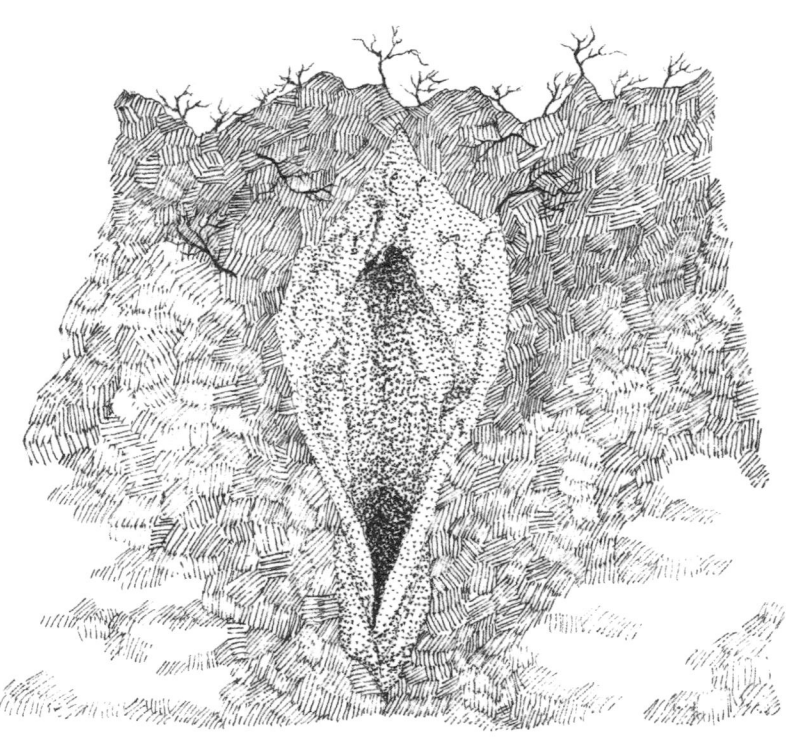

나와 헤어지고 두 해가 지나 너는 이 세계를 버렸다. 자살했다. 네가 그토록 좋아하던 호수로 너는 천천히 걸어 들어갔다. 죽도록 물을 좋아했으니 죽을 수밖에…, 너의 자살 소식을 나는 너의 친구에게서 들었다. 두 해가 지나서 들었다. 너 때문에 죽은 건 아니고 우울증이 심했다더라, 친구는 말끝을 흐렸다. 나도 알고 있다. 너의 깊은 우울이 너를 얼마나 피폐하게 했는지, 잠 못 자는 수많은 너의 밤들을 통과하며 네가 얼마나 황폐해지고 있었는지, 나도 알고 있다. 나는 너를 감당할 수 없었다. 우리는 헤어졌다. 망각 속에, 그리고 우연 속에 그리고 무엇보다 시간 속에 우리의 기억을 방치했다.

우리는 누구보다도 서로에게 좋은 친구였다. 그리고 조언자였다. 그리고 연인이었다. 비슷한 병증을 앓는, 그리고 우리는 환우(患友)였다. 죽음은 모든 것을 소멸시키지만 죽음 그 자체는 소멸시키지 못한다. 네가 자살했다는 소식을 들은 날부터, 네가 이 세계에 부재한다는 사실을 알고부터 나는 지독한 이명과 불면에 시달려야 했다. 그래, "나도 너에게 매달린 잎새였는데", 너는 이 세계를 버렸다. 네가 정말로 나를 버렸다. 물속에 버렸다. 가장 깊은 곳에 버렸다. 그리고 너는 심연을 얻었다. "너의 길은 내가 다시 걸어야 할 길", 나는 네가 좋아하던 호수 근처를 걸었다.

물소리… 물소리… 물소리…, 어떤 영혼은 물소리를 닮아 있어서 밤에 더 높아진다. 나는 투명했던 너의 영혼을 알고 있다. 물가를 계속 걸었다. 계속 걸었다. 물소리 점점 높아지고, 내 마음의 일부가 수장되는 걸 나는 느끼고 있었다.

죽음은 너를 보내주지 않았고 이 물소리 계속 높아지면 나는 너를 잊을 수 잊겠다.

- 따옴표 부분은 송재학의 시 「안 보이는 사랑」에서 인용.

사랑은 어둠을 사랑한다. 오랫동안 연인들의 데이트 장소로 극장이 선호받는 이유 중 하나는 사랑이 어둠을 사랑하기 때문이다. 우리는 대개 어둠에서 잉태되었다. 우리가 극장에서 보는 것들은 어쩌면 우리가 잉태되던 순간의 이미지들일 것이다. 사랑은 어둠을 사랑한다. 어둠이 덮고 있는 신체의 은밀을 사랑한다. 어둠으로 은폐할 수 있는 부끄러움을 사랑한다.

웃음이면서 울음인 표정이 있다. 고요이면서 격렬인 감정이 있다. 빗방울이 가느다란 진눈깨비로 내려앉는 것을 손바닥으로 받아본 적이 있다. 당신이 내 손을 잡고 한없이 침묵하고 있을 때 너무 많은 말들이 내게로 와 심장의 근육이 두근거린 적이 있다. 짐승같이 울고 나서 식물의 이파리를 어루만지며 알 수 없는 호흡법으로 숨을 쉰다. 콘크리트에서 나무 냄새를 맡아본 적이 있다. 너와 헤어지고 나서야 너의 표정을 더 잘 이해하게 되었다.

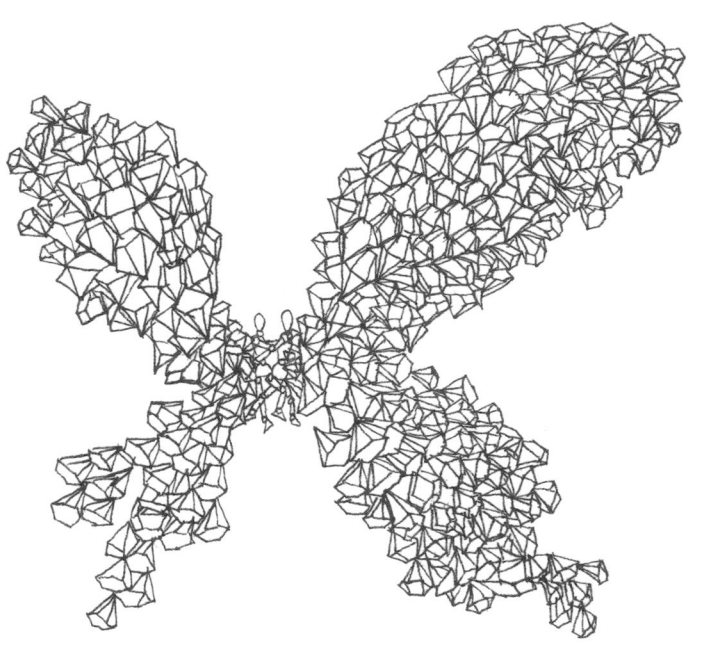

중세의 겨울

어제는 그대가 없는 숲에서 바람이 제 목숨 비트는 소릴 들었지요 우리는 신생대 충적세에 사랑을 했구요 눈보라는 그대와 내가 서 있는 고도를 조금 높였을 뿐 바람 속에서 소용돌이치는 눈발 몇 점은 사소한 기록만을 족보에 써넣었습니다 겨울강을 기억하시는지, 편서풍은 새 떼를 하늘 가득 부려놓았고 그대는 깃털만큼 가벼운 웃음으로 강을 건너왔습니다 우리는 신생대 충적세에 사랑을 했구요 짐승들 울음 속에서 그대 종아리가 빛을 자꾸만 뿜어냈습니다 어디서 자꾸만 바람은 불어오는지 변방에서 이제 막 도착한 병사들이 칼을 닦고 있었구요 은행나무 아래서 그대의 몸은 죄짓지 않고 내 몸을 받았구요 난감한 표정의 은행나무는 어떤 예감 같은 흔들림으로 수런거렸습니다 어서 후생으로 가세요, 이제 곧 난세(亂世)가 올 겁니다 그대 심장을 내가 주웠다면 그대는 놀랄까요, 불멸의 바람이 눈보라를 몰아치네요 수백만송이 꽃이 필 겁니다

파란 운동화를 신고 벚나무 아래를 걷던 봄밤, 문득 나는 알았다. 견디 수 없는 상실의 고통보다 더 견디기 힘든 것은 당신이라는 존재가 이미 '망각' 쪽에서 살고 있다는 사실이라는 것을. 사랑은 두 번 죽는다. 사랑이 끝날 때 사랑은 죽고 망각이 시작될 때, 다시 죽는다. 세상에서 가장 무서운 사람은 사라졌는데도 또 사라질 것 같은 사람이라고 말한 사람은 시인 이영광이었지만 당신은 망각 속에서 다시 한 번 나를 떠난다. 무덤 안에 또 무덤이 있는 것처럼, 밤 속에 더 어두운 밤이 있는 것처럼 나는 당신의 망각으로 다시 한 번 상처 받는다. 보이지 않는 환부여서 나는 이렇게 벚꽃 천지 봄밤을 다만 걷고 있는 것이다.

파란 운동화를 신고 벚나무 아래를 걷는 겨울밤, 벚꽃이 있던 자리엔 짙고 차가운 어둠이 덩어리로 매달려 있다. 나는 환각을 보는 것이다. 흰 꽃, 눈 꽃, 겨울 안에서 나는 당신과 함께 걷던 봄날을 걸어 보는 것이다. 섞인다는 것은 무엇인가. 웃음이 시작되는 얼굴에서 울음이 시작되는 것처럼 사랑이 시작하는 그 마음에서 이별은 시작한다. 섞인다는 것은 무엇인가. 기억하려는 바로 그 마음에서 망각이 시작된다. 섞인다는 것은 무엇인가. 아픈 곳에서 마음은 다시 달콤한 추억을 재생한다. 마음이란 이렇게 다루기 어려운 물질이다. 나는 너의 부재를 견디면서 너에 대한 망각을 다시 한 번 견딘다. 견디고 있다는 사실을 알지 못하면서 무언가 견딘 적이 당신도 있을 것이다. "가야 한다 가야 한다". 계속 걸어야 한다. "잊으러 가야 한다". '잊음'을 잊으러 계속 걸어야 한다.

   — 따옴표 부분은 이윤학의 시 「이미지」에서 인용.

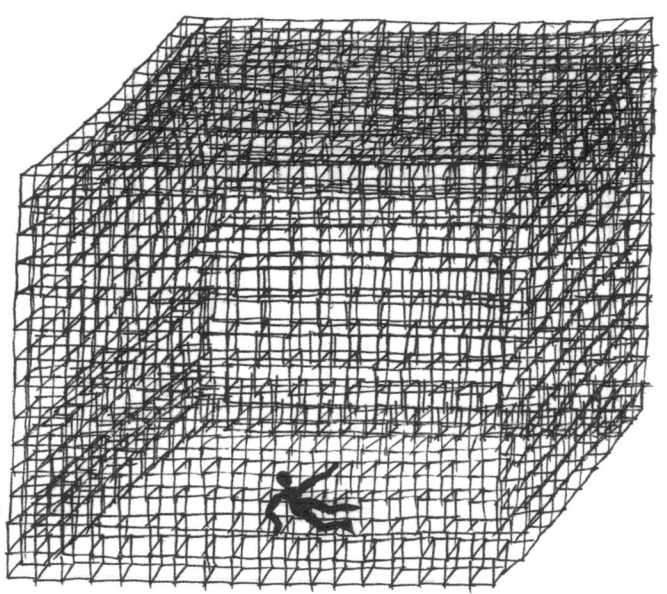

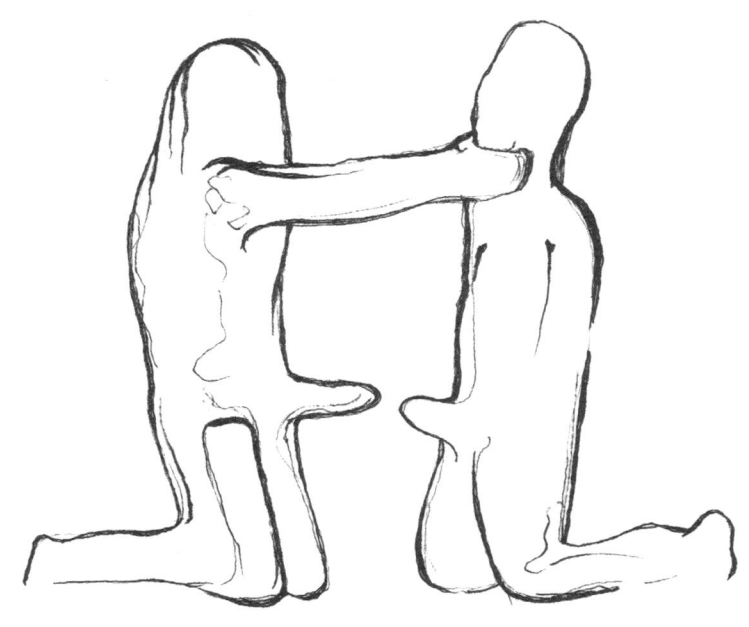

식물의 마음으로 동물의 상처를 앓고 있다.

극장

팩소주에 빨대를 꽂고 영화를 보고 있었지, 너는,
쪽쪽, 네가 빨아먹는 시퀀스, 속에서, 이름들과
배경음과 대사를 이으면 어떤 나라 이름이 될 것 같아,
그 나라로 떠나는 상상, 그 나라로 가서 돌아오지 못하는
어두운 뼈들이 있었고, 어두워서 기댔는데 네 쇄골이고,
네가 스크린이고 옷 벗는 소리, 울음소리, 사랑할 때
나는 소리들, 속에서, 홀짝홀짝 팩은 가벼워지고,
여기가 영화관이었던가, 물결치는 소리, 꽃잎이
꽃잎 위에 눕는 소리, 나는 무얼 마실까, 쇄골에서
목선까지 너는 간지럽고, 입이 사라지고, 나는 영화가
끝날까 봐 더듬는 간질이는 불길한 손, 바깥으로
나는 신체를 하나씩 떼어내 버리고, 네가, 홀쩍이는
통과하는 시간은 여름이고, 너는 자꾸만 웃고, 이게
몇 번째 영화인지 몇 번째 꿈인지 알 수가 없고, 너는,
그리고 나는, 어떤 장면에서 멈춰버리고, 여름에 만나요,
소주팩 속에서 약속은 취해서 비틀거리고
너는 짙은 숲으로 들어가고, 혼자 남겨져 이 날씨를
나는 가늠해보고, 어두운 구멍에서, 흘러가는
장면이었지, 극장 바깥에서 우리는 서로를
몰라보고, 극장에서 우리는
만났지, 만났던가,

오늘 부는 바람은 모두 당신이 소유한다. 당신은 창문을 열어야 한다. 이 바람은 당신의 것이니까. 그 바람에 나의 마음을 다 실었으니까. 당신은 창문을 열어야 한다. 당신의 집 앞에 나는 서 있다. 하늘은 낮인데도 어둡고 먹구름이 먹구름에게로 흘러간다. 바람은 바람에게로, 나뭇잎은 나뭇잎에게로, 흘러간다, 흘러간다, 마음이여, 당신이 어둡고 컴컴한 당신의 마음속을 걸을 때 나는 바깥에 있었지. 당신의 마음도 내 것은 아니어서 나는 바깥에 있을 수밖에 없었지. 그러나 오늘은 바람이 분다. 바람이 불고 비가 올 것이다. 당신은 창문을 열어야 한다.

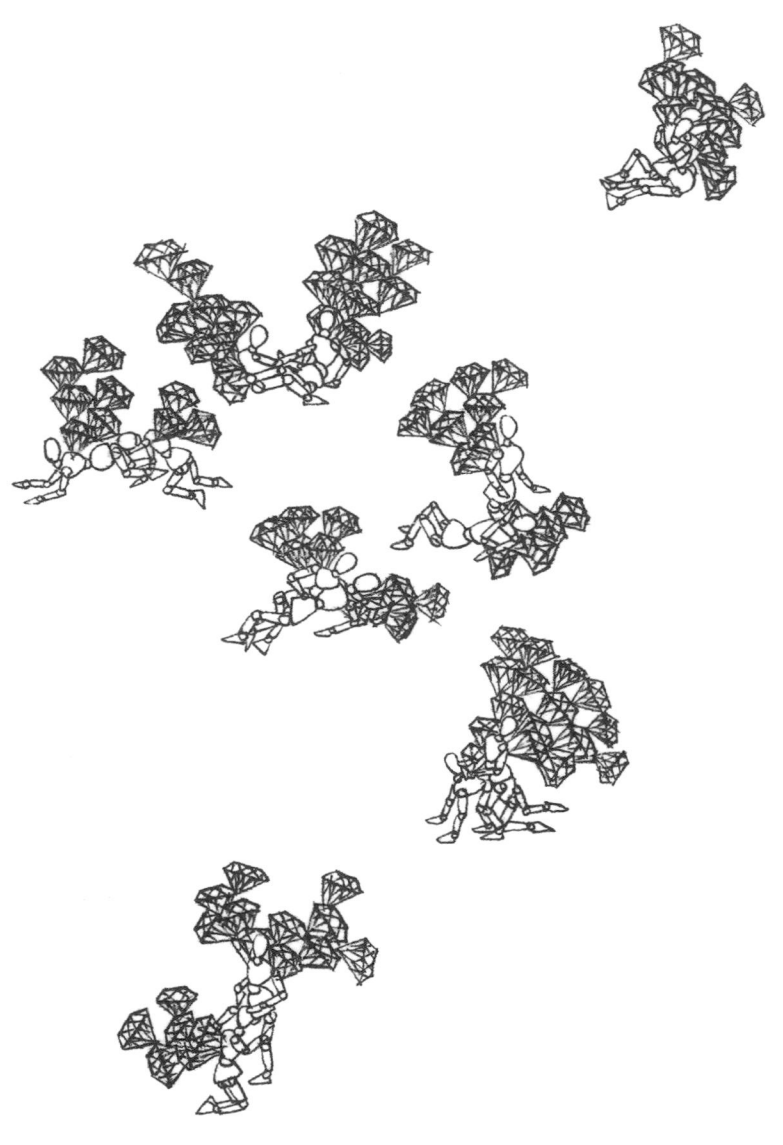

동백 신전

동백은 봄의 중심으로 지면서 빛을 뿜어낸다 목이 잘리고서도 꼿꼿하게 제 몸 함부로 버리지 않는 사랑이다 파르테논도 동백꽃이다 낡은 육신으로 낡은 시간 버티면서 이천오백 년 동안 제 몸 간직하고 있는 꽃이다 꽃이 아니고서야 어떻게 그 먼 데서부터 소식 전해오겠는가 붉은 혀같은 동백꽃잎 바닥에 떨어지면 내 입에 넣고 싶다 내 몸속 붉은 피에 불지르고 싶다 다 타버리고 나서도 어느 날 내가 유적처럼 남아 이 자리에서 꽃 한 송이 밀어내면 그게 내 사랑이다 피 흘리며 목숨 꺾여도 봄볕에 달아오르는 내 전 생애다

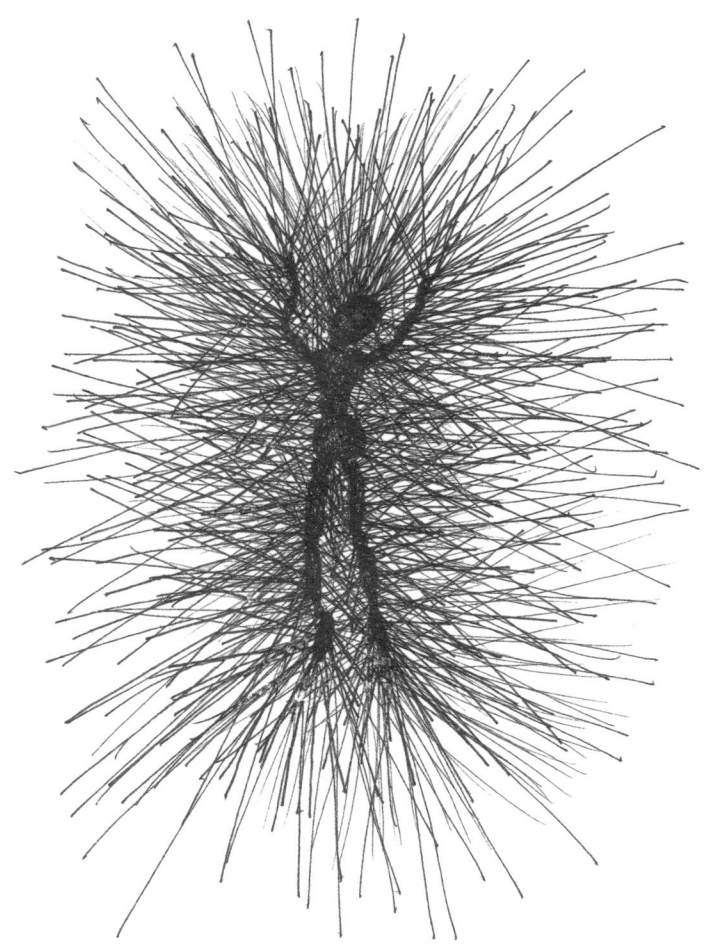

겨울. 나는 천변을 혼자 걷고 있다. 그 징검다리 앞에 서 있다. 사랑할 때 연인들은 징검다리를 앞, 뒤로 도우며 걷고 헤어지고 나서 연인들은 안 보이는 징검다리 위에 홀로 선다. 안 보이는 공간에서 안 보이는 시간으로 사랑을 상실한 연인들은 우두커니 돌 하나에 올라 물 아래를 본다. 그 물은 시간과 기억의 다른 이름이며 '돌이킬 수 없음'의 다른 지명이기도 하다. 내가 서 있는 돌에서 안 보이는 돌 하나로 건너기 위해 슬픔은 여러 계절을 요구한다. 그때, 나, 네가 걸어갈 길의 앞의 돌이었나. 그리고 지금, 나, 그 돌을 그대가 볼 수 없는 곳으로 옮겨왔다. 그 돌들은 그대의 것도 아니고 나의 것도 아니어서 다만 시간이 소유하는 것, 나는 공중으로 난 돌들을 마음으로 걷는다. 하나, 둘, 셋, 다섯, 열하나…… 그런데 이 물은 언제 끝나는 걸까.

나는 그대라는 물 위에 우두커니 떠 있다. 돌 하나에 올라서 돌 하나에 의지하며 돌 하나로 차가운 물살을 피하며 그대가 옮겨 간 돌들을 기다리고 있다.

과잉 소통 시대의 이별은 고전적인 연애에서는 불필요했던 피로감을 남긴다. 당신이 스마트폰을 지니고 있는 이상, 두어 개의 SNS를 하고 있는 이상, 헤어진 옛 연인의 소식을 자신의 의사와 상관없이 마주해야 한다. 우리의 소통 경로가 풍부해진 만큼 우리는 필요 이상으로 더 괴로워해야 한다. 과잉 소통 시대의 사랑은 우리에게서 깊은 고독감을 앗아갔다. 사랑이 주는 심연 대신 우리는 액정을 선택했다.

우리는 주로 정오에 만나 자정에 헤어지곤 했다. 그림자가 가장 짧은 시간에 만나 서로의 그림자를 밟으며 놀았다. 그림자와 함께 떠돌았다. 그 많던 거리들은 우리의 것, 우리는 서로의 그림자를 질질 끌며 이 도시를 돌아다녔다. 기억하는지, 한강 물결에 빠져 허우적거리던 너의 그림자를 내가 오래 오래 바라보던 것을. 기억하는지, 나의 그림자를 밟으면 내 몸속에 있는 것 같다던 그대의 입술, 기억하는지, 그림자를 밟다가 마침내는 서로의 마음을 밟던 마찬가지로 한강의 추운 어느 날. 우리는 서로의 그림자를 밟으며 놀았다. 서로의 그림자 속에서는 아프지 않았다. 그림자가 서로에게 뭉개질 때 바람도 뭉개지고 구름도 뭉개지고 마침내 이 세계가 뭉개질 것 같은 마음으로 우리는 포옹,

창문을 열어두었더니 새는 보이질 않고 새소리가 하늘을 기어 다닌다. 아직 꽃은 보이질 않고 꽃 피는 소리가 왁자하게 거리를 기어 다닌다. 이번 봄의 나의 목표는 한 사람을 용서하는 것, 그리고 나 자신도 용서하는 것. 그리하여 아무도 미워하지 않는 것. 울분과 고요가 다투는 모습을 넉넉하게 바라보는 것. 너는 보이질 않는데 네 목소리며 "살결이 바람을 와락, 껴안고, 적막천지 기어 다닌다."

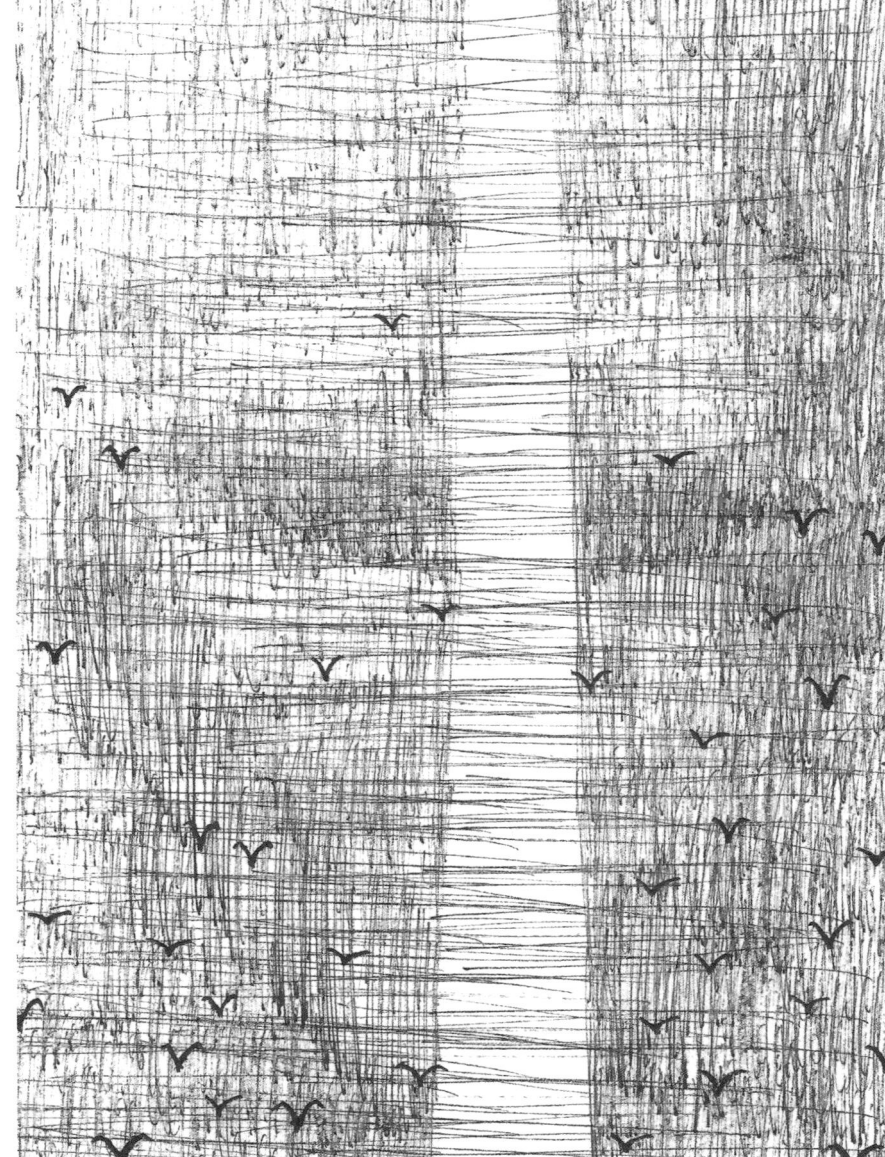

만약에 구원이 있다면 그것은 빛의 형태로가 아니라 어둠의 형태로 올 것 같다. 낮은 곳에서 더 낮은 곳으로 우리가 걸으면서 밟을 수 있게, 구원이라는 것이 있다면 그렇게 조용히 깔리는 것으로 올 것 같다. 당신도 그렇게 올 것 같다.

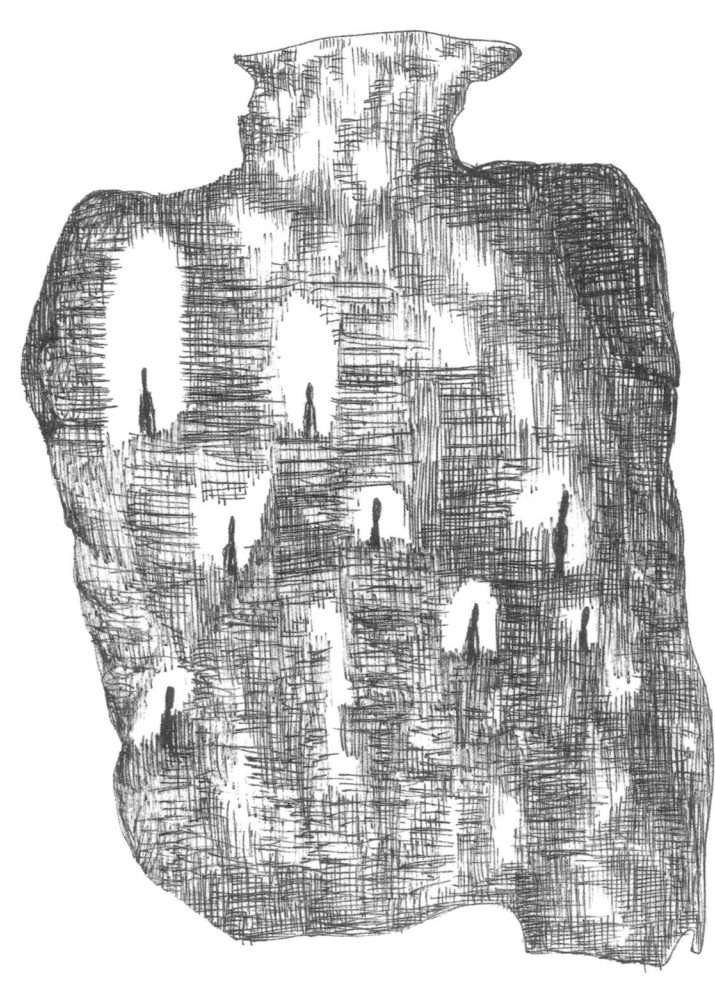

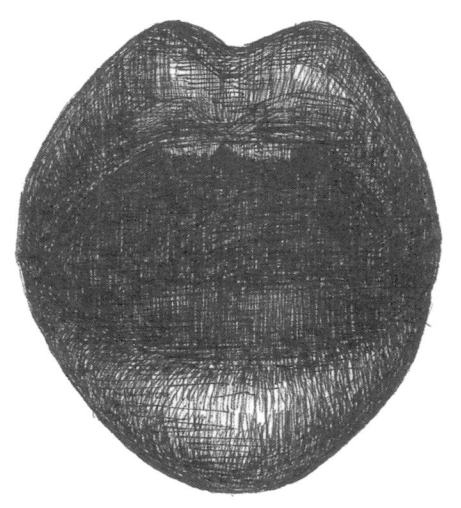